U0854229

京师职教
Jingshi Vocational education

公 共 素 质 教 育 系 列 教 材

职业生涯规划与就业指导

主　编　王金宝　林令华
副主编　徐庆联　王兆华

公共素质教育

北京师范大学出版集团
BEIJING NORMAL UNIVERSITY PUBLISHING GROUP
北京师范大学出版社

图书在版编目(CIP)数据

职业生涯规划与就业指导 / 王金宝，林令华主编 . —北京：北京师范大学出版社，2012.7(2025.10 重印)

ISBN 978-7-303-14795-3

Ⅰ.①职… Ⅱ.①王… ②林… Ⅲ.①职业选择—中等专业学校—教材 Ⅳ.①G717.38

中国版本图书馆 CIP 数据核字(2012)第 128320 号

出版发行：北京师范大学出版社 https://www.bnupg.com
北京市西城区新街口外大街 12-3 号
邮政编码：100088

印　　刷：北京天泽润科贸有限公司
经　　销：全国新华书店
开　　本：787 mm×1092 mm　1/16
印　　张：14.25
字　　数：220 千字
版　　次：2012 年 7 月第 1 版
印　　次：2025 年 10 月第 6 次印刷
定　　价：37.00 元

策划编辑：杜永生　　责任编辑：杜永生
美术编辑：高　霞　　装帧设计：高　霞
责任校对：陈　民　　责任印制：赵　龙

读者服务电话：010-58806806

如发现印装质量问题，影响阅读，请联系印制管理部：010-58800608

前　言

当前中等职业学校毕业生数量比以前有大幅度增长，就业形势非常严峻。为帮助学生树立正确的择业观，引导学生开阔思路，提高认识，摆正位置，正视择业现实，掌握求职方法，我们根据教育部颁布的中等职业学校《职业生涯规划教学大纲》编写了本部教材。

职业生涯规划与就业指导是一种人生设计，它不仅能帮助个人实现目标，更重要的是有助于个人真正了解自己，从而设计出合理、可行的职业生涯发展方向。尤其是在市场竞争激烈和人才济济的时代，只有掌握个人的竞争优势，才能把握稍纵即逝的机会，发挥个人的潜能，事先预定的目标。历史不能假设，过去不能重来。在人生路上回头的代价是很高的，除了时间之外，日趋专业的职业分工也使得职业生涯的重新设计代价很高。因此人们需要通过具有前瞻性的职业生涯设计，减少自己在人生道路上的徘徊犹豫，以免浪费时光。

职业生涯规划与就业指导是一门新的学问，一门融合管理学、心理学、社会学、人际关系学等不同学科知识的学问。同时，新的事物不断涌现，新的理念不断产生，因此，随着职业生涯规划研究和推广工作的深入，我们还会推出新的内容。

本书既可作为中等职业学校在校生进行职业生涯规划与就业指导的教学用书，也可作为对职业生涯有兴趣的读者的参考书。

编　者

目　录 Contents

第一章　认识职业教育　展望未来教育 / 1

第一节　职业与职业生涯规划 / 2

一、职业的内涵、要素与特征 / 2

二、职业生涯规划含义及基本内容 / 6

三、做好个人职业生涯规划 / 8

第二节　职业的分类 / 14

一、职业分类 / 14

二、中国行业新分类 / 15

三、职业分类的意义及特征 / 18

第三节　职业生涯规划的目标及误区 / 22

一、职业生涯规划的目标 / 23

二、避免职业生涯规划的误区 / 24

三、职业生涯规划八条原则 / 26

第二章　认识自我 / 31

第一节　我的个性 / 32

一、个性的基本内涵 / 32

二、个性的特征 / 33

三、个性的形成 / 34

四、个性与职业 / 36

第二节　我的兴趣 / 39

一、什么是兴趣 / 40

二、兴趣的作用 / 41

三、职业兴趣的类型 / 42

四、如何巩固和培养你的兴趣 / 46
五、兴趣类型与相对应的职业 / 48
六、兴趣与职业相匹配 / 52
第三节 职业认知与职业价值观 / 53
一、职业认知的概念 / 54
二、职业认知的原因 / 54
三、职业认知的内容与方法 / 55
四、价值观与职业价值观 / 57
五、如何提升职业能力 / 62

第三章 文化学习与专业准备 / 67
第一节 学好中职文化基础课 / 69
一、了解中职文化基础课的学习现状 / 69
二、了解学习中职文化基础课的重要性 / 72
三、探究学好中职文化基础课的方法 / 74
第二节 认真学习专业课 / 78
一、了解学习专业课的重要作用和意义 / 80
二、了解专业课及其主要内容 / 82
三、探讨专业课的学习方法 / 85
第三节 提升综合素质，促进职业成长 / 89
一、了解综合素质 / 89
二、探讨提升综合素质的途径与方法 / 93

第四章 职业素养面面观 / 98
第一节 职业素养的内涵 / 99
一、职业素养基本内涵 / 99
二、职业素养的基本特征 / 100
三、如何培养自己的职业素养 / 102
第二节 社会对中职生职业素养的要求 / 104
一、当前中职生自身素养存在的问题 / 104
二、培养学生十大职业素养 / 106
第三节 提升职业素养的途径和方法 / 112
一、养成良好习惯 / 112
二、了解企业文化，强化职业意识 / 114
三、“打铁还需自身硬”——职业素养培养从自身职业技能开始 / 116

第五章 了解就业政策 / 119
第一节 当前我国的就业制度 / 119
一、我国主要的几种就业制度 / 119
二、就业协议与政策 / 123
第二节 上中等职业教育学校的好处 / 127
一、国家高度重视发展中等职业教育 / 127
二、上中等职业学校的优势 / 129

第六章 求职准备与技巧 / 132
第一节 收集、筛选求职信息 / 133
一、收集求职信息 / 133
二、筛选、处理就业信息 / 137
三、筛选目标岗位的方法 / 138
第二节 求职资料准备 / 140
一、了解求职需要的资料 / 140
二、学习制作求职简历 / 141
三、试做求职简历 / 144
四、学习制作求职信 / 145
第三节 求职技巧 / 148
一、求职面试前的准备工作 / 148
二、面试时的注意事项 / 155
三、求职面试案例分析 / 157

第七章 就业协议与维权 / 161
第一节 就业协议与劳动合同的异同 / 162
一、就业协议与劳动合同相同之处 / 162
二、就业协议与劳动合同不同之处 / 163
三、警惕"陷阱"合同 / 164
第二节 就业协议的签订原则、程序和内容 / 165
一、就业协议签订的原则与程序 / 165
二、就业协议的主要内容及注意事项 / 170
第三节 就业权益的维护 / 172
一、中职生应增强五意识 自我保护就业权益 / 172
二、中职生就业权益保障 / 178

第八章　尝试创业　拓展人生 / 182
第一节　创业的内涵 / 183
一、创业的定义和特征 / 183
二、创业的要素 / 186
三、创业与创新 / 189
第二节　创业者应具备的素质 / 192
一、创业者的素质 / 192
二、中职生创业教育发展的必要性 / 196
三、推行有实效的中职生创业教育的策略 / 197
四、中职生创业的意义 / 198
五、中职生创业的基本条件 / 199
第三节　做好创业准备，拓展美好人生 / 201
一、创业精神 / 201
二、中职生创业精神培养途径 / 202
三、中职生创业面临的主要问题 / 203
四、中职生如何克服自主创业中的问题 / 204
五、学会创业 / 205
六、促进中职生自主创业的对策 / 207
第四节　弘扬创业精神　加强中职生创业教育 / 210
一、中职生培养创业精神的内涵 / 210
二、借鉴别国经验，形成有中国特色的中职生创业教育 / 211
三、在中等职业学校加强创业教育 / 213

后　记 / 216

第一章

认识职业教育　展望未来教育

学习导航

- 了解职业的内涵
- 认识职业的重要特征
- 知道职业生涯设计的步骤
- 了解职业分类的意义以及基本特征
- 掌握职业生涯规划的原则

“凡事预则立，不预则废。”对职业生涯而言，也是如此。当你清楚地知道自己想做什么、能做什么和怎么做的时候，你就会信心百倍、有的放矢地投身于学习与工作，其结果必然是一步步靠近目标、实现理想。职业生涯设计将会引导你描绘自我职业生涯的蓝图，设计落实蓝图的举措，促进你取得职业生涯的成功。本章将引领同学们学习职业生涯设计的基本知识。

第一节　职业与职业生涯规划

伟大的人是绝不会滥用他们的优点的，他们看出他们超过别人的地方，并且意识到这一点，然而绝不会因此就不谦虚。他们的过人之处愈多，他们愈认识自己的不足。

——卢梭

在我们的生活中，每个人都有自己的理想和信念。信念是理想的催化剂、推动力。只有秉持着心中的那份信念，我们才能进步、实现理想。然而职业和职业生涯犹如理想和信念，有一个好的职业我们才能有更好的计划，才能更好地施展我们的才能。因此，在学习职业生涯规划之前，我们先来了解一下什么是职业。职业包含哪些要素？职业具有什么样的特性？职业是如何分类的？它的发展趋势如何？只有弄清楚这些问题后，我们才能更好地规划我们的职业生涯，实现我们的职业目标，成就我们的未来。

一、职业的内涵、要素与特征

1. 职业的内涵

职业是指人们在社会生活中所从事的，以获得物质报酬作为自己主要生活来源并能满足自己精神需求的，在社会分工中具有专门技能的工作，是对特征相同或相似的一类工作的统称。

职业，不同于工作，它更多的是指一种事业。因此，职业问题不是简单的工作问题，就职业一词的本义而论，它至少包括四个方面的涵义：

第一，与人类的需求和职业结构相关，强调社会分工；

第二，与职业的内在属性相关，强调利用专门的技术和技能；

第三，与社会伦理相关，强调创造物质财富和精神财富，获得合理报酬；

第四，与个人生活相关，强调物质生活来源，并设法满足精神生活。

小贴士

工作是一个多义词，有时被称为职业，有时被称为职位，有时被称为任务。大四的同学经常说找工作，这里的工作是指职位；老师告诉我们周四要去完成某项工作，这里的工作是指工作任务。

2. 职业的要素

职业主要由以下要素构成：

职业名称：职业的符号特征。它通常由社会通用称谓来命名。

职业主体：从事一定社会分工活动的劳动者，必须具有承担该职业活动所需要的资格和能力。

职业客体：职业活动的工作对象、内容、劳动方式和场所等。

职业报酬：通过职业活动所取得的各种报酬。

职业技术：劳动者在从事职业活动中所运用的自然技术、社会技术与思维技术的总和。它既体现在人们从事职业活动时使用工具、材料、工艺方法的发展与运用，也包括尚未形成的系统经验。

职业要素体现了职业是社会与个人、整体与个体的连结点，社会整体依靠每个个体通过职业活动来推动和实现发展目标，个体则通过职业活动对整体做出贡献，并索取一定的报酬以维持生活。整个社会因众多的职业分工和从业者的工作而构成人类共同生活的基本结构。

3. 职业的特征

一个人假如不脚踏实地去做，那么所希望的一切就会落空。

——摩路瓦

任何一项劳动都是崇高的，崇高的事业只有劳动。

——卡莱尔

一个人，只有在实践中运用能力，才能知道自己的能力。

——小塞涅卡

职业特性反映了职业主体在长期的实践活动中所形成的与其他形式的劳动相区别的本质属性。具体有以下特征。

第一，社会性。职业是社会分工的结果，是社会生产力发展的产物。

职业随着社会分工的产生而出现，随着社会分工的发展而变迁。社会成员在一定的社会职业岗位上为社会整体作贡献，社会整体也以全体成员的劳动成果作为积累而获得持续的发展和进步。职业的社会特性反映出不同的职业承担着不同的社会责任，不同的职业人应当了解自己承担的职业角色，完成自己的使命。

第二，时代性。职业的时代性是指在不同的历史时期具有不同的热门职业。人们择业时，受到社会对职业的需求情况、个人兴趣、社会观念、时代风尚及媒体等因素的影响，就形成了不同时期的不同热门职业。我国曾出现“当兵热”“银行热”“下海经商热”“计算机热”“炒股热”等。这些热门职业的出现，都是符合社会发展趋势和各行各业发展需要的。

第三，经济性和连续性。职业的经济性，是指人们从事某种职业活动，并取得一定的经济结果，从而获得经济报酬或收入。职业的连续性，是指一个人在较长的时间内持续从事某种职业，并通过职业活动较稳定地获得一定的经济收入或报酬。正因为职业具有明显的经济性和连续性，才与人们的社会活动和日常生活紧密联系在一起。

第四，知识性和技术性。人们在社会生活中无论从事何种职业，都需要掌握一定程度的该职业所需要的知识和技术，这表明，知识性和技术性是一切职业活动共有的特性。区别在于从事某些职业活动所需要的知识和技术比较容易掌握，从事另一些职业活动所需要的知识和技术不易掌握。有的职业活动的知识和技术必须在特定的学校、培训机构里获得，有的却可以在家庭、就业实践中获得。而且随着科学技术的发展与管理水平的提高，要求从业人员必须具备更高的科学知识和操作技能。

第五，职业的同一性和差异性。同一性：首先，行业内的同一性，这是由不同行业的共同特点决定的。同一行业的职业内容，其劳动条件、工作对象、劳动强度、工作性质、生产方式、工作内容等方面相同或基本相同。正是由于这些相同点，形成了统一的行为模式、共同的职业道德规范和语言习惯以及相应的社会组织；其次，行业之间的同一性，在不同行业类型之间仍然存在着相同点，如工作时间固定、按劳取酬、岗位基本固定等。应当注意的是，职业的同一性特征随着社会的发展，在不同阶段表现有所不同。差异性：首先，行业间的差异，不同职业之间存在的差异很大，其劳动条件、劳动强度、工作对象、工作性质、工作内容、生产方式等方面都不同，就形成了不同的行为模式、道德规范和语言习惯。人们常说的"隔行如隔山"，就充分说明了这点；其次，时代间差异，在社会发展的不同时期，职业在同一行业、同一阶段、同一区域内的分布状况会有所不同，选择职业的方式亦有所不同。

第六，规范性。任何职业活动特别是技术性较强的职业活动都必须遵从职业规范。职业规范主要包括人们在职业活动中应遵守的操作规则、办事章程、职业道德规范和在职业活动中养成的种种习惯等。这些职业规范或以法律、规范，或以组织章程和有关公约、守则的方式体现出来，或只是一些约定俗成的非正式的规范。无论何种职业活动都要受一定职业规范的约束。

职　业　　泰戈尔

早晨，钟敲十下的时候，我沿着我们那条小巷到学校去。每天我都遇见那个小贩，他叫道："镯子呀，亮晶晶的镯子！"他没有什么事情急着要做，他没有哪条街道要走，他没有什么地方一定要去，他没有什么规定的时间一定要回家。

我愿意我是一个小贩，在街上过日子，叫着："镯子呀，亮晶晶的镯子！"

下午四点钟，我从学校回家。在一家门口，我看见一个园丁在那里掘地。他用他的锄子，要怎么掘便怎么掘，他被尘土污了衣裳。如果他被太阳晒黑了或是身上被打湿了，都没有人骂他。

我愿我是一个园丁，在花园里掘地，谁也不来阻止我。

天色刚黑，妈妈就送我上床。小巷又黑又冷清，路灯立在那里，像一个头上生着一只红眼睛的巨人。更夫摇着他的提灯，跟他身边的影子一起走着，他一生一次都没有上床去过。

我愿我是一个更夫，整夜在街上走，提了灯去追逐影子。

阅读了上面的文章，说说你的感受。

二、职业生涯规划含义及基本内容

1. 职业生涯与职业生涯规划

“职业生涯”是指个体职业发展的历程，一般是指一个人终生经历的所有职业发展的整个历程。职业生涯是一个人一生中所有与职业相联系的行为与活动，以及相关的态度、价值观、愿望等的连续性经历的过程，也是一个人一生中职业、职位的变迁及工作理想的实现过程。简单地说，职业生涯就是一个人终身的工作经历。一般可以认为，我们的职业生涯开始于任职前的职业学习和培训，终止于退休。我们选择什么职业作为我们的工作，这对于我们每个人的重要性都是不言而喻的。

“职业生涯规划”(career planning)，又叫职业生涯设计，是指个人与组织相结合，在对一个人职业生涯的主客观条件进行测定、分析和总结的基础上，对自己的兴趣、爱好、能力及特点进行综合分析与权衡，结合时代特点，根据自己的职业倾向，确定最佳的职业奋斗目标，并为实现这一目标做出行之有效的行动计划。

正确理解职业生涯规划的含义要注意以下几点。

第一，职业生涯规划具有明显的个人化特征；

第二，职业生涯规划是一个包含生涯目标的确定、生涯措施的实施及目标实现的长期过程；

第三，职业生涯规划中的职业目标同日常工作目标有很大差异。

2. 职业生涯规划的基本内容

个人职业生涯规划是指个体对未来的职业目标做出的选择，并在此基础上对实现职业目标的策略、方法和路径做出计划。

职业生涯设计包括三项基本内容：在了解自我、了解环境的基础上，实现人职匹配的发展计划。人职匹配力求将人和相应的职业进行最佳的组合，达到最大的功效。实现人和职业的最佳匹配，需要我们对人和职业进行分析。随着社会分工的进一步发展，职业已经进入细分阶段。

(1)一个人在决定今后从事的职业领域时，要对自身条件进行分析

对自身需要进行分析的内容主要包括价值观、性格、兴趣和技能等。其中价值观、性格、兴趣等决定你想从事什么职业，而技能决定你能够从事什么职业。例如，如果你认为安全最重要，那么你就不愿意从事具有冒险性质的职业；如果你性格外向，那么你倾向于从事经常与人打交道的职业；如果你喜欢使用工具制作产品，那么你倾向于从事手工艺类的职业，如木匠、家电维修工等。你的职业兴趣可以通过人才测评的方式了解。

(2)在分析个人条件的基础上，要有针对性地了解自己所处的职业环境

了解职业环境的主要内容包括自己感兴趣的职业、岗位或工作，未来发展前景，相关职业对从业者的素质要求等。

(3)在分析自我和职业环境的基础上，确立职业目标和职业发展计划

你可以根据自身情况和职业环境对自己今后的职业目标和职业发展计划进行定位，即选择适合自己且有发展前途的职业领域，并根据职业要求给自己制订出可行的学习和发展计划。

相关链接

生涯规划前的准备

做好职业生涯规划应该分析、研究自己适合从事哪些职业、工作，这是做好职业生涯规划的关键和基础。要回答这个问题，必须考虑以下几方面的因素：

1. 自己所处的职业发展阶段
2. 自己的职业倾向(就是职业类型)
3. 自己的技能(也就是自身本领，比如专业、爱好、特长等)
4. 自己的职业目标(就是职业动机)
5. 自己的职业兴趣

三、做好个人职业生涯规划

1. 职业生涯规划的意义

相关链接

哈佛大学有一个非常著名的关于职业目标对人生影响的跟踪调查，调查对象是一群智力、学历和环境等条件都相仿的年轻人，调查结果是这样的：

3%的人有清晰且长期的目标，一直朝着同一个方向不懈地努力。25年后，他们几乎都成了社会各界的顶尖成功人士，其中不乏创业者、行业领袖和社会精英。

10%的人有清晰的短期目标，大都生活在社会的中上层。他们的共同特点是：不断完成预定的短期目标，生活状态逐步上升。25年后，他们成为诸如医生、律师、工程师、高级主管等各行各业不可或缺的专业人士。

60%的人目标模糊，25年后能安稳地生活与工作，但都没有什么特别突出的成绩。

其余27%是那些没有目标的人群，他们几乎都生活在社会的最底层，生活过得很不如意，常常失业，靠社会救济，并且常常都在抱怨他人、抱怨社会、抱怨世界。

每个学生都渴望职场成功，但却很少有人知道如何择业。

什么职业最适合自己，如何使自己进入职场并适应职场、发展自己，这些最基本的知识和技能，对中职生而言有着重要的价值和意义。

作为中职生，可以将个人职业生涯规划看作一种人生的经营战略：设立人生的职业目标，以及制订一系列如何达成这些目标的计划，其中包括行动途径、个人资源分配，和如何以最佳的个人营销组合进入人才争夺激烈的市场。

对于中职生而言，职业生涯规划的意义主要体现在以下几个方面。

第一，规划能让人生有目标，目标让人生富有意义。

第二，规划能帮助个人认识就业形势，居安思危，唤醒其职业规划意识，激发其成就动机。

第三，规划能帮助个人做出正确的职业选择，找到适合自己的职业目标。

第四，规划能帮助个人培养职业能力与职业素质，增强自我效能感。

第五，规划有助于抓住重点，增加成功的可能性。

2. 职业生涯规划的主要特征

(1)可行性。

规划要有事实依据，并非美好幻想或不着边际的梦想，否则将会延误生涯发展机遇。

(2)适时性。

规划是预测未来的行动，确定将来的目标，因此各项主要活动，何时实施、何时完成，都应有时间和顺序上的详细安排，以作为检查行动的依据。

(3)适应性。

规划未来的职业生涯目标，牵涉多种可变因素，因此规划应有弹性，应留有余地，以增加其适应性。

(4)持续性。

人生每个发展阶段应能持续、连贯衔接。

3. 职业生涯规划的基本要素

职业生涯规划的五大要素为知己、知彼、抉择、目标、行动。

(1)知己。了解自己这个人，向内看，看自己的兴趣、能力、价值观、个性、倾向，以及父母的管教态度、学校与社会教育对自己产生的影响。

(2)知彼。知彼是探索外在的世界。它包括职业的特性、所需的能力、就业渠道、工作内容、工作发展前景、职业的薪资待遇。

知己是了解自己的特性，知彼是了解职场的特性。在职场上，知己与知彼有着密切关联。

(3)抉择。抉择包括抉择技巧、抉择风格及抉择可能面临的冲突、阻力、助力等。

(4)目标。成功的秘诀在于坚持，明确而坚定的目标是赢得成功、有所作为的基本前提。因为坚定目标的意义，不仅在于面对种种挫折与困难时能百折不挠、抓住成功的契机，更重要的还在于身处逆境时能产生巨大的奋进激情，使自己的潜能得到最大发掘与释放。

(5)行动。目标就是力量，奋斗才会成功。再长的路一步步也能走完，再短的路，不迈开双脚也无法到达。有了目标，要想实现，只有行动和努力。

拓展阅读

职业的选择

职业选择正确与否，直接关系到人生事业的成功与失败，因此，职业选择对人生事业发展十分重要。如何才能选择正确的职业呢？至少应该考虑以下几点：

1. 性格与职业的匹配

在现今的职场中，有人喜欢创新，却要被重复的琐事拖累；而有些人性格内敛，每天却要在大庭广众之下忐忑不安……工作也变成了一种负担。因"性格与职业"的选择发生错位而导致职业的失败，已逐渐成为职场人士面临的严峻问题。性格并无好坏之分，但性格类型与职业类型的匹配度，却决定了事业的成功与否。

2. 兴趣与职业的匹配

兴趣是一个人力求认识、掌握某种事物，并经常参与该种活动的心理倾向。有的人对研究自然知识感兴趣，有的人兴趣倾向于情感世界，活跃于人际关系领域；有的人对智力操作感兴趣……不同的职业需要不同的兴趣特征。一个擅长技能操作的人，在技能操作领域得心应手，如果硬把他的兴趣转移到书本理论上来，他就会感到无用武之地，正是这种兴趣上的差异，构成人们选择职业的重要依据。人们对某种职业感兴趣，就会对该种职业活动表现出肯定的态度，在工作中调动整个心理活动的积极性，开拓进取，努力工作，有助于事业的成功。反之，强迫做自己不愿意做的工作，对精力、才能都是一种浪费。兴趣引导爱因斯坦走进科学迷宫，成为一代科学巨匠。贝多芬迷恋神奇的音乐世界，终成芳名长留的音乐家。

个人的兴趣爱好有很多，一般说来，兴趣爱好广泛的人，选择职业时的自由度就大一些，他们更能适应各种不同岗位的工作。广泛的兴趣可以促使人们注意和接触多方面的事物，为自己选择职业创造更多有利条件。

3. 能力与职业的匹配

能力是指人们成功地完成某种活动所必须具备的个性心理特征。在职业选择时，要特别注意能力与职业的匹配，因为不少人往往将兴趣误认为是能力，这一点一定要搞清楚，否则，你将陷入误区，事业难以成功。所以，要想获得事业成功，还要注意发现你的能力，并将你的能力与职业相匹配。

不同的职业对能力的要求是不同的，医生需要敏锐的观察能力，教师要有较好的语言表达能力和记忆力，而记者在具备敏锐观察能力之外，还需要有良好的分析思考能力。可见，职业与能力之间存在着重要的匹配关系。因此，对自己的能力做一个客观的评估，特别是要准确定位自己的能力特性，即能力优势。这是你规划职业生涯、确定职业目标的关键性因素，只有职业目标与自身优势能力相匹配，你的事业才会前途广阔，发展才能前程远大，从而帮助你取得人生的成功。如果你不具备这个职业所要求的能力，你就是再努力也收效甚微。

4. 内外环境与职业的适应

环境对于人员的成长和职业发展有着重要的影响，因此在进行职业生涯规划时对此要作深入的分析和研究。所谓内外环境分析实质上就是一个“知彼”的过程，即了解和分析与生涯发展密切相关的周围环境，包括家庭环境、同事的状况、组织环境、社会环境和经济环境等。

4. 职业生涯规划的过程和方法

职业生涯规划是一个周而复始的连续过程，其过程包括树立正确的生涯发展信念、自我评估、生涯机会评估、职业的选择、职业生涯路线的选择、设定职业生涯目标、制订行动方案与实施计划、职业生涯评估与反馈八个基本步骤。正确积极的生涯发展信念是职业生涯成功的根本；自我评估和机会评估是前提；职业的选择和职业生涯路线的选择是成功的关键，合适的目标设定与行动计划则是保障；职业生涯评估与反馈则促进我们的职业生涯永续发展。

(1)树立正确的发展生涯信念

发展生涯的信念是事业成功的基本前提。没有积极向上的信念，事业的成功也就无从谈起。俗话说“志不定，天下无可成之事”。立志是人生的起跑点，反映着一个人的理想、胸怀、情趣和价值观，影响着一个人的奋斗目标及成就的大小。所以，在制订生涯规划时，首先要确立人生志向，期望通过这一规划实现人生更大发展，这是制订职业生涯规划的关键，也是你的生涯规划最重要的一点。

(2)自我评估

自我评估的目的是认识自己，了解自己。因为只有认识了自己，才能对自己的职业做出正确的选择，才能选定适合自己发展的职业生涯路线，才能对自己的职业生涯目标做出最佳抉择。所以，自我评估是生涯规划重要步骤之一。一般来说，自我评估包括自己的兴趣、特长、性格、学识、技能、智商以及组织管理、协调能力、活动能力等。

(3)生涯机会的评估

生涯机会的评估主要是评估各种环境对自己生涯发展的影响。环境因素主要包括组织环境、政治环境、社会环境及经济环境。每一个人都处在一定的环境之中，离开了这个环境，便无法生存与成长。所以，在制订个人的职业生涯规划时，要分析环境条件的特点、环境的发展变化情况、自己与环境的关系、自己在这个环境中的地位、环境对自己提出的要求，以及环境对自己有利条件与不利条件等。只有对这些环境因素充分了解，才能做到在复杂的环境中趋利避害，使自己的职业生涯规划具有实际意义。

相关链接

职业生涯设计的具体方法

许多职业咨询机构和心理学专家进行职业咨询和职业规划时常常采用的一种方法就是有关5个“W”的思考模式。从问自己是谁开始，然后顺着问下去，共有5个问题：

(1)Who are you? 你是谁？(2)What you want? 你想干什么？(3)What can you do? 你能干什么 ？(4)What can support you? 环境支持或允许你

干什么？(5) What you can be in the end？最终的职业目标是什么？回答了这五个问题，找到它们的最高共同点，你就有了自己的职业生涯规划。对于第一个问题“我是谁？”应该对自己进行一次深刻反思，有一个比较清醒的认识，优点和缺点都应该一一列出来。

第二个问题“我想干什么？”是对自己的职业发展的一个心理倾向的检测。每个人在不同阶段的兴趣和目标并不完全一致，有时甚至是完全对立的。但随着年龄和经历的增长而逐渐固定，并最终确定自己的终身理想。

第三个问题“我能干什么？”则是对自己能力与潜力的全面总结，一个人职业的定位最根本的还是要归结于他的能力，而他职业发展空间的大小则取决于自己的潜力。对于一个人潜力的了解应该从几个方面着手去认识，如对事的兴趣、做事的韧性、临事的判断力以及知识结构是否全面、是否及时更新等。

第四个问题“环境支持或允许我干什么？”这种环境支持在客观方面包括本地的各种状态比如经济发展、人事政策、企业制度、职业空间等；人为主观方面包括同事关系、领导态度、亲戚关系等，两方面的因素应该综合起来看。我们在职业选择时有时会忽视主观方面的东西，没有将一切有利于自己发展的因素调动起来，从而影响了自己的职业切入点。而在国外通过同事、熟人的引荐找到工作是最正常也是最容易的。当然我们应该知道这和一些不正常的“走后门”等歪门邪道有着本质的区别。这种区别就是这种环境支持是建立在自己的能力之上的。

明晰了前面四个问题，就会从各个问题中找到对实现有关职业目标有利和不利的条件，列出不利条件最少、自己想做而且又能够做的职业目标，那么第五个问题有关“自己最终的职业目标是什么”自然就有了一个清楚明了的框架。将自我职业生涯计划列出来，建立形成个人发展计划书档案，通过系统的学习、培训，实现就业理想目标：选择一个什么样的单位，预测自我在单位内的职务提升步骤，个人如何从低到高逐级而上。例如从技术员做起，在此基础上努力熟悉业务领域、提高能力，最终达到技术工程师的理想生涯目标；预测工作范围的变化情况，不同工作对自己的要求及应对措施；预测可能出现的竞争，如何相处与应对，分析自我提高的可靠途径；如果发展过程中出现偏差，如果工作不适应或被解聘，如何改变职业方向。

第二节 职业的分类

社会分工是职业分类的依据。在分工体系的每一个环节上，劳动对象、劳动工具以及劳动的支出形式都各有其特殊性，这种特殊性决定了各种职业之间的区别。

世界上经济发达国家都非常重视职业分类问题的研究，这不仅是形成产业结构概念和进行产业结构、产业组织及产业政策研究的前提，同时也是对劳动者及其劳动进行分类管理、分级管理及系统管理的需要。

一、职业分类

世界各国国情不同，其划分职业的标准有所区别。根据西方国家的一些学者提出的理论，在国外一般将职业分为三种类型。

1. 按脑力劳动和体力劳动的性质、层次进行分类。

这种分类方法把工作人员划分为白领工作人员和蓝领工作人员两大类。白领工作人员包括：专业性和技术性的工作、农场以外的经理和行政管理人员、销售人员、办公室人员等。蓝领工作人员包括：手工艺及类似的工人、非运输性的技工、运输装置的工人、农场以外的工人、服务性行业工人。这种分类方法明显地表现出职业的等级性。

2. 按心理的个别差异进行分类。

这种分类方法是根据美国著名的职业指导专家霍兰德创立的“人格—职业”类型匹配理论，把人格类型划分为六种，即现实型、调研型、艺术型、社会型、企业型和常规型。与其相对应的是六种职业类型。

二、中国行业新分类

《财富中国》根据发达国家的行业界定与行业演变规则，对中国的行业进行新分类：（本书列举部分）

1. 机构组织

政府机构，各国驻华外交机构，贸易公司，经济组织，协会，其他机构。

2. 农林牧渔

农业：粮食，豆类，蔬菜及制品，水果及制品，坚果，杂果，干果，咖啡，可可及制品，棉类，麻类，含油子仁，果仁，籽，食用菌，烟草，花木，竹木，藤苇，干草，木炭，植物提取物，动物提取物，动植物油，动植物种苗，家禽，牲畜，养殖动物，蚕茧，蚕丝，羽毛，羽绒，羊绒，生皮，毛皮，动物毛鬃，肠衣，禽蛋，饲料，饲料添加剂，肥料，农药，园艺用具，农用品，农用机械，林业设备及用具，畜牧养殖业设备及用具，渔业设备及用具，粮油加工机械，饲料加工机械，屠宰及肉类初加工设备，农副产品加工，木材加工，家具制造机械，其他。

3. 建筑建材

房地产，市政工程：市政道路建设，市政公用设施建设，自来水输水工程，集中供暖、供热、供气工程，文教、卫生、体育、音乐等公益设施建设，纪念性建筑设施建设，各类建筑工程，木材板材，石材石料，水泥及制品，石灰，石膏，混凝土及制品，建筑玻璃，陶瓷，搪瓷及制品，塑料建材，金属建材，防水，防潮材料，耐火，防火材料，隔热，吸声材料，绝缘材料，特种建材，施工材料，砖，瓦及砌块，墙体材料，天花板，地板，门窗，壁纸，锁具，建筑装饰五金，管件管材，厨房设施，卫浴设施，涂料，胶黏剂，作业保护，活动房，堆垛搬运机械，建筑及相关设备，陶瓷设备，木工机械设备，搪瓷生产加工机械，工程承包，建筑装潢设计，其他。

4. 水利水电

水利、火力发电设备，水利、防洪工程及用品，河道疏浚工程，大坝、水库、闸门、泄洪工程，农田水利工程，江河、湖泊治理工程，电力工程，电力、太阳能及可再生能源，其他水利水电设备，其他水利水电设施。

5. 交通运输

(1)轮胎，汽车：轿车，越野汽车，吉普车，卡车，载客汽车，旅行面包车，公共汽车地，微型客车，其他载客汽车，专用汽车，工程车，工具车，消防车，警车，救护车，通信和广播用车，皮卡，洒水车，道路清扫车，垃圾车，其他专用汽车，电车，汽车配件，摩托车及配件，专用车辆，二手汽摩，汽摩附属及相关产品，停车场，加油站设备，汽车保养，交通安全，汽摩产品制造设备，船只，飞机，其他交通工具，其他。

(2)自行车，三轮车及配件，铁路，地铁用设备器材，船舶及配件，电梯，缆车及配件，飞行器及配件，集装箱，二手交通产品及用具，轮胎，废气处理设施，交通安全设施，运输、仓储，其他、机场、航空工程，港口工程，铁路工程，公路、桥梁、涵洞。

6. 信息产业

(1)电脑与软件：计算机，消耗品，插卡类，主机配件，电脑外设，机箱，UPS与电源，网络设备，配件，电脑，电子记事簿，笔记本电脑，服务器，工作站，二手电脑及用品。

(2)软件：网络工程，电脑相关用品，电脑产品制造设备，软件开发，其他。

(3)通信产品：通信产品配件部件，锂电池，镍氢电池，磁卡，IP卡，IC卡，来电显示器，拨号器，充电器，天线，控制和调整设备，电话机，可视电话，移动电话，集团电话，交换机，传真机，寻呼机，对讲机，网络通信产品，通讯，声讯系统，GPS系统，通信电缆相关产品，雷达及无线导航，广电、电信设备，通信产品制造设备，系统工程，网络工程，其他。

7. 专业服务

不干胶制品，广告材料，印刷出版物，音像制品及电子读物，广播，电视节目，排版，制版设备，印刷设备，二手印刷设备，印刷出版服务，媒体和传播，专业咨询，工程监理，工程设计，信息技术，信息管理软件开发设计，维修，保险，租赁，会议，培训，物业管理，其他。

8. 环保绿化

废金属处理设施，纺织废料处理设施，皮革废料处理设施，化工废料处理设施，废气处理设施，水、污水处理设施，废料回收再利用，降噪声设备，公共环卫设施，公共环卫机械，园林绿化用品及机械，园林绿化工程，垃圾处理、荒山绿化、天然林保护、防沙等工程和设施，其他。

9. 旅游休闲

旅游休闲用品，宾馆酒店用品，宠物用品，纪念品，扑克，棋类，乐器，钓鱼，健身，游艺设施，旅行服务，其他。

10. 办公文教

图书资料，光学及照相器材，耗材，文具，计算器，办公纸张，簿，本，册，信封，档案夹，软盘，硒鼓，墨盒，墨粉，色带，教学模型、用具，教学设施，实验室用品，电话机，可视电话，集团电话，传真机，复印机，打印机，打字机，投影机，碎纸机，考勤机，绘图机，晒图机，视讯会议系统，文艺设备，舞台灯光音响设备，摄影器材，录像设备，艺术部门专用材料及用品，其他。

11. 电子电工

磁性材料，半导体材料，绝缘材料，电工陶瓷材料，电子元器件、组件，电池，照明与灯具，插头，插座，充电器，电动机，电动工具，光电子，激光仪器，仪表，光仪及配件，电线电缆，配电装置，开关柜，照明箱，输电设备及材料，显示设备，电热设备，工业自动化装置，地震设备，天线、雷达及无线导航，广电、电信设备，电子电工产品制造设备，电子电工产品设计加工，其他。

12. 物资专备

救灾物资，防汛物资，抗旱物资，农用专用物资，储备物资(包括粮食)，燃料，锅炉，供热设备，殡仪火化设备，其他物资；劳保用品，兽医用品，其他物资专用材。

13. 办公家具

办公木制品，其他材料办公家具，病床等医院用家具，剧场、影院桌椅，实验室家具，课桌，椅，保险柜，档案柜，密集架，其他办公家具。

三、职业分类的意义及特征

1. 职业分类的意义

(1)同一性质的工作往往具有共同的特点和规律。把性质相同的职业归为一类，有助于国家对职工队伍进行分类管理，根据不同的职业特点和工作要求，采取相应的录用、调配、考核、培训、奖惩等管理方法，使管理更具针对性。

(2)职业分类给各个职业分别确定了工作责任以及履行职责和完成工作所需要的职业素质，这就为岗位责任制提供了依据。

(3)职业分类有助于建立合理的职业结构和职工配置体系。

(4)职业分类是对职工进行考核和智力开发的重要依据。考核就是要考核职工能否胜任他所承担的职业工作，考核他是否完成了他应完成的工作任务。这就需要制定出考核标准，对各个职业岗位工作任务的质量、数量提出要求，而这些都是在职业分类的基础上才能加以规定的。职业分类中规定的各个职业岗位的责任和工作人员的从业条件，不仅是考核的基础，同时也是进行培训的重要依据。

2. 职业分类的基本特征

(1)产业性特征。

一个国家，一个社会，从大的方面可以分为三大产业。第一产业包括农业、林业、牧业和渔业等；第二产业是工业和建筑业，工业包括采掘业、制造业等；第三产业是流通和服务业。在传统农业社会，农业人口比重最大；在工业化社会，工业领域中的职业数量和就业人口显著增加；在科学技术高度发达和经济迅速发展的社会，第三产业中的职业数量和就业人口显著增加。

(2)行业性特征。

行业是根据生产工作单位所生产的物品或提供的服务的不同而划分的，行业主要是按企业、事业单位、机关团体和个体从业人员所从事的生产或其他社会经济活动的性质的同一性来分类的。可以说行业表示了人们所在的工作单位的性质。

(3)职位特征。

所谓职位是指一定的职权和相应的责任的集合体。职权和责任的统一形成职位的功能，职权和责任是组成职位的两个基本要素；职权相同，责任一致，就是同一职位。在职业分类中的每一种职业都含有职位的特性。比如国家机关公务员包括科级、处级、厅(局)级、省(部)级等职位系列。

(4)组群性特征。

无论以何种依据来划分职业，都带有组群特点。如科学研究人员中包括哲学、社会学、经济学、理学、工学、医学等，再如咨询服务业包括科技咨询工作者、心理咨询工作者、职业咨询工作者等。

(5)时空性特征。

随着社会的发展和进步，职业变化迅速，除了弃旧更新外，还有同一种职业的活动内容和方式也在发生变化，所以职业的划分带有明显的时代性。从大的方面来说，在职业数量较少的时期，职业与行业是同义语，但现在的职业与行业是既有联系又有区别的两个概念。在职业划分中，行业通常作为职业的门类。在空间上，职业种类分布有区域、城乡、行业之间以及国别上的差别。

相关链接

《职业分类表》

职业类别	工种描述
一类	纯文职人员：从事非体力劳动人员：公司管理人员、研发人员、文职人员、柜面人员；教师；设计师；财务人员；法官、律师、书记员；警卫行政及内勤人员；编辑；医生、护士；工程师；实验室人员(化学、核能、放射实验人员除外)、质检员；仓库管理员等
二类	从事少量体力劳动非纯文职人员：机关、企事业单位外勤人员(如银行信贷员、销售人员、采购人员、报关员)；外勤记者(非战地记者)；清洁工(非从事高空作业、公路清扫)；导游；餐饮、酒店服务业服务员；制造业车间主任、领班；电影、电视业人员(非跑片员、武打演员、特技演员、机械工、电工、布景搭设人员)；高尔夫球场、保龄球场、球场、游泳池、海水浴场、游乐园的教练、球童、服务员、记分员、管理员、服务员；门卫；理发师、美容师、洗衣店工人；学生；公共事业抄表员、收费员；批发、零售业商人；家政人员、退休人员、个体工商户；桌球、羽毛球、游泳、射箭、溜冰、射击、举重、民俗体育活动、手球、乒乓球等教练

（续）

职业类别	工种描述
三类	内陆渔业养殖工人、水产品加工人员；非营运汽车司机及随车人员；航运稽查员；厨师；造修船业工程师；土木建筑业领班、监工；土木建筑承包商；电子业工人；仪器、仪表制造业工人；纺织及成衣业工人；食品饮料制造业工人；烟草业工人；文具制造业工人；塑胶业工人；橡胶业工人；包装工人；新闻杂志业装订工、送货员；舞蹈演员；酒家、歌厅工作人员；物业保安；司法警察；工商、税务执法人员；汽车教练；健身教练；体操教练；篮球教练；橄榄球教练；游泳、网球、垒球、溜冰、篮球、田径、体操、帆船、泛舟、手球、橄榄球、乒乓球职业运动员
四类	农牧业人员；沿海养殖工人、内陆捕鱼人；护林员；野生植物保护人员；人力三轮车夫；营运汽车司机及随车人员；搬运工人、装卸工人；铁路维护工；铁路保安；航运领航员、饮水员、缉私人员、拖船/轮渡驾驶员及工作人员；飞机洗刷人员、机械员、修护人员；土木工程建筑业工人(不含外墙及高空作业)；安装工人(非高空作业)；装潢人员(非高空作业)；印刷厂工人；地质探测员(山区、海上)；加油站人员；制药厂工人；铁工厂、机械厂工人；钣金工、车床工、水电工、电镀工、铣床工、冲床工、钻床工、铲车工、钳工、焊工、铸造工；化工产品生产人员；造纸业、床垫及枕头制造业、陶器业工人；砖瓦厂、水泥厂工人；玻璃厂工人；广告业拍摄人员、广告牌制作人员(室内)；电影、电视业机械工、电工、布景搭设人员；城管人员；兽医、兽栏清洁工；邮政外勤人员、快递人员；电信及电力业工人(不含高空作业)；交警、治安人员；无业人员；篮球球员；排球、击剑、棒球教练
五类	野生动物保护人员；木材加工业工人；石材加工业工人；家具厂工人；五金工具厂工人；危险品运输司机及随车人员；拖拉机驾驶人员；铁路道路铺设工、修路工；码头工人及领班；矿业采石业坑外作业人员；港口作业吊车、堆高机、起重机操作员；海水浴池救生员；现金押运员、司机
六类	森林砍伐业伐木工人、锯木工人、装运工人；造修船业工人；高速公路工程人员；道路清洁工；刑警、特警；消防队队员；警校学生
S类	高空作业人员；炸药处理警察；高压电工作人员；化学原料、易燃易爆易腐蚀品的制造业

（续）

职业类别	工种描述
拒保	捕鱼人(沿海)、船员；矿业采石业坑内作业人员；石油、天然气开采业；所有海上作业人员；内河航运船员；国内外航线民航机飞行人员及服务员；飞行员、飞行学员；潜水人员；爆破人员；炸药、火药、雷管制造及处理人员；暴露于尘埃或有毒化合物之工人；战地记者；电视业跑片员、武打、特技、杂技演员；训兽师、饲养员；保镖；防暴警察；现役军人；电力高压电工程设施人员；建造电缆、架空电线之操作及维修编拉电人员；拉线及维修工人、安装塔架工人；特种营业(如舞厅吧女、酒女、舞女、咖啡女郎、按摩师)

合作探究

调查目的：通过合作探究调查活动，加深对自己未来所要从事的职业的了解，了解自己将要从事的职业对从业者的要求，对未来自己所走的道路进行探究，以使自己在学校就可以有的放矢地进行准备，为将来在自己的职业生涯中做出一番成绩打下基础。

调查方法和途径：

1. 请每名同学查阅报纸或网络，看看哪些行业受欢迎。

2. 请小组同学讨论并写下自认为最受欢迎的十种行业，并按照受欢迎程度排名。

3. 每组派一名代表，将小组讨论的结果与全班分享。

4. 全班同学讨论最受欢迎的十大热门行业包括哪些，哪一种行业最受欢迎，为什么受欢迎。

调查结果：

1. 调查结束后，整理调查笔记，结合自己的认识和感受，写出调查报告，和同学进行交流。

2. 教师要对活动进行讲评和总结。

第三节　职业生涯规划的目标及误区

一个人制定个人职业生涯规划固然重要，但更重要的还是要去努力地实现自己的职业生涯规划。职业生涯规划并不是制定后就一成不变了，而是应该在实践中不断地去完善、修改。

故事分享

职业生涯规划，让我脱胎换骨！

我是一名中职二年级的学生，学习信息与计算科学专业。说实在的，我当初根本不知道这专业要学些什么，只是看到“信息”二字，认为是与计算机有关的，就报了这一专业。到了学校才知道大多是数学课，我傻了，怎么是数学专业？我早已经厌倦学数学了，可命运就是这样，我只好认了。于是我厌学，上网，就是不把学习放在心上，因为我一直以为我天生就不是学习数学的料。

每当夜深人静时，我感到极度迷茫、空虚和恐慌。每天当我打开电脑时，首先想到的是游戏。有时一玩就是一天，满脑子似乎都被游戏所俘虏了，我已经忘记了自己还是一个学生，还得学习，把以前立下的志向抛到了九霄云外。

在我感到十分无助的时候，我听了周老师的职业生涯规划课，深有感触。我不能逃避，因为还要毕业。我开始醒悟，我不该沉迷于游戏的海洋中寻求慰藉，我也开始确信，我的未来不是梦。虽然现在我对自己的专业没多大兴趣，但是，我可以学习其他的东西来充实自己。校园，我不能只当“陪练者”，那样太窝囊了。

于是我开始思考自己的职业生涯规划，重新审视自己。我想，在短期内取得很大的突破是不可能的，我也不想再制订那种一点都不现实的计划。我打算在这个学期自学完成网站的制作，把数据结构这门课学好，学好计算机语言程序设计，精心做一个让自己满意的网站。现在开始，每天进步一点点。我相信，到了毕业，我至少会少些遗憾。

现在我把那些自己深恶痛绝的游戏从电脑中删除了，我不想再沉迷于游戏的世界里，我要找回的是一个真实的自我。

当我打开电脑时，我知道今天我要干些什么。这些都是我在听了周老师的课、学习了职业生涯规划知识后才醒悟的，要不是职业生涯规划课，我还不知道会在游戏的海洋中沉迷多久。

点评：

一些同学在学校没有目标，沉迷于网络游戏而不能自拔，职业生涯规划教育唤醒了这位同学潜藏于内心的生涯规划意识，重新找回了自我，明确了上中职的意义，树立了目标，并从网瘾的束缚中解脱出来，真正理解了“我的前程，我负责；我的生涯，我规划”的基本道理。

一、职业生涯规划的目标

职业生涯目标的设定是职业生涯规划的核心。一个人事业的成败，很大程度上取决于有无正确适当的目标。没有目标如同驶入大海的孤舟，视野茫茫，没有方向，不知道自己应走向何方。只有树立了目标，才能明确奋斗的方向。目标犹如海洋中的灯塔，引导自己避开暗礁，走向成功。

目标的设定是继职业选择、职业生涯路线选择后，对人生目标做出的抉择。其抉择是以自己的最佳才能、最佳性格、最大兴趣、最有利的环境等信息为依据。目标通常分为短期目标、中期目标、长期目标和人生目标。

短期目标一般为一至两年，短期目标又分日目标、周目标、月目标、年目标。

中期目标一般为三至五年。

长期目标一般为五至十年。人生目标的确定，分别与人生规划、长期规划、中期规划和短期规划相对应。一般，我们首先要根据个人的专业、性格、气质和价值观以及社会的发展趋势确定自己的人生目标和长期目标，然后再把人生目标和长期目标进行分化，根据个人的经历和所处的组织环境制定相应的中期目标和短期目标。

职业规划五环图

简而言之，职业规划就是：知己、知彼、择优选择职业目标和路径，并用高效行动去实现职业目标。

二、避免职业生涯规划的误区

1. 误区一：职业生涯规划就是功利地为找工作做准备

职业生涯规划是为了找到适合自己的职业，找到了适合自己的职业就可以更好地发展自己的职业生涯，职业生涯的有利发展也会促进个人生涯的发展。我们可以看到，职业是人生最大的课题之一。所以说，职业生涯规划是对人生负责的一种表现。

2. 误区二：职业生涯规划就是找到赚钱多的好工作

好工作应该有个社会普遍认可的标准，个人对其也会有自身的理解，赚钱多只是给你劳动后的报酬比较多，这表现为一个结果，但这个赚钱多的工作你喜不喜欢、适不适合自己？从这个内在的判断上显然可以明确你所做的工作是不是好工作。职业生涯规划的目的是找到适合自己的职业，那这个职业是否就是赚钱多的工作呢？这不一定。因为职业生涯规划的出发点首先是适合自己；其次才是薪酬等其他因素。适合自身的工作才是职业生涯规划所要达到的目标，所以说，职业生涯规划的首要任务是找到适合自己的工作。

3. 误区三：职业生涯规划没有变化快，还是走一步算一步好

在规划职业及规划职业生涯时，人们往往认为计划没有变化快，还是不要规划了，否则还要再去改变，还是走一步算一步、稳稳当当地算了。这种意识混淆了规划和计划以及规划和变化的关系。

计划是一种较主观的思考安排，而规划则是将主客观都考虑在内的统筹安排。很多计划更多的是表现为头脑一热，大腿一拍就草率决定的主观行为。造成计划落空主要有两方面的原因：一方面反映了计划的不周密，另一方面也暴露了自我管理的不严格，当然还有其他因素在里面。但如果是规划呢？那就会在事前把自律性差、环境不具备等因素考虑进去，并制订相应的应急方案。可以说，如果规划制订得不严密就会沦为计划，而缜密的计划可以视为规划的重要组成部分。要澄清的是，计划和规划的区别不仅仅是以执行的最终结果为判断依据，而是以考虑得是否全面周到和执行应对是否严格来区分的。变化本身就是在规划中要考虑的因素和步骤，换句话说，就算是最坏的结果、最大的问题也是会被预料到的，即使预料不到，也会通过修正步骤及时发现，即使不能及时发现，也会通过应急方案予以解决。所以说，变化是逃不过规划的，除非你没有考虑变化就开始规划。而没有考虑变化的规划是不能称之为规划的，只能称之为计划。

4. 误区四：职业测评是可以测出自己适合什么职业的

目前有着这样的一种认识倾向或者说是迷信想法，通过做职业测评就可以测出自己所适合的职业。我们先不说具体的职业测评到底有多大作用、多大的可信度和有效度，单说测评这个手段。我们知道测评主要是依据一定的行为投射反映内在心理，界定影响目标行为的关键因素并确定所占的权重，再结合一定的真实样本，通过测评个人对关键因素的关键事件的反应来做出一定判断。测评是通过外在因素来分析内在本质特征，因此，我们不能迷信人才测评，很多测评选取的常模不是来自中国本土案例，这样就加大了测评的风险性。

所以，国内的一些职业测评软件的可信度和有效度往往没有测评公司对外宣传的那么高。那么，测评有没有作用呢？我们认为，人才测评报告只能作为我们分析自我和选择职业的一个参考，仅仅凭一个测评软件来为自己人生职业的前程作决策显然是不理智的。职业规划一定要将理论分析和实践验证以及自我修正等手段加以综合并通过一定时间才能确定。否则单纯依靠理论分析，或者单纯依赖职业测评，抑或是一味地进行职业实践都不能得出有效和准确的判断。

5. 误区五：职业生涯规划是可以通过讲座等方式速成的

职业生涯规划是不能速成的。职业生涯规划是不可能通过几场讲座或者几次活动，甚至是几次授课就可以做出的，因为这里有几个必须要由当事人在实际情境中亲身探索才能确定的因素，而这些因素仅仅通过理论上的学习、课堂上的讲授是无法落实的。技能、技术等操作层面的东西可以速成，虽然讲座等方式可以使我们掌握正确有效的方法，但职业生涯规划必须要经过实际职业体验和职业能力塑造、职业潜力开发等各个过程才能初见端倪，自身定位是无法通过理论来速成的。

三、职业生涯规划八条原则

1. 利益整合原则。

利益整合是指员工利益与组织利益的整合。这种整合不是牺牲员工的利益，而是处理好员工个人发展和组织发展的关系，寻找个人发展与组织发展的结合点。每个个体都是在一定的组织环境与社会环境中学习发展的，因此，个体必须认可组织的目的和价值观，并把其价值观、知识和努力集中于组织的需要和机会上。

2. 公平、公开原则。

在职业生涯规划方面，企业在提供有关职业发展的各种信息、教育培训机会、任职机会时，都应当公开其条件标准，保持高度的透明度。这是组织成员的人格受到尊重的体现，是维护管理人员整体积极性的保证。

3. 协作进行原则。

协作进行原则，即职业生涯规划的各项活动，都要由组织与员工双方共同制定、共同实施、共同参与完成。职业生涯规划本是好事，应当有利于组织与员工双方。但如果缺乏沟通，就可能造成双方的不理解、不配合，以致造成风险，因此必须在职业生涯开发管理战略开始前和进行中，建立相互信任的上下级关系。建立互信关系的最有效方法就是始终共同参与、共同制订、共同实施职业生涯规划。

4. 动态目标原则。

一般来说，组织是变动的，组织的职位是动态的，因此组织对于员工的职业生涯规划也应当是动态的。在“未来职位”的供给方面，组织除了要用自身的良好发展加以保障外，还要注重员工在成长中所能开拓和创造的岗位。

5. 时间梯度原则。

由于人生具有发展阶段和职业生涯周期发展的任务，职业生涯规划与管理的内容就必须被分解为若干个阶段，并在不同的时间段内完成。每个阶段又有“起点”和“终点”，即“开始执行”和“完成目标”两个时间坐标。如果没有明确的时间规定，会使职业生涯规划陷于空谈和失败。

6. 发展创新原则。

发挥员工的“创造性”这一点，在确定职业生涯目标时就应得到体现。职业生涯规划和管理工作，并不是指制定一套规章程序，让员工循规蹈矩、按部就班地完成，而是要让员工发挥自己的能力和潜能，达到自我实现、创造组织效益的目的。还应当看到，一个人职业生涯的成功，不仅仅是职务上的提升，还包括工作内容的转换或增加、责任范围的扩大、创造性的增强等内在质的变化。

7. 全程推动原则。

在实施职业生涯规划的各个环节上，对员工进行全过程的评估、设计、实施和调整，以保证职业生涯规划与管理活动的持续性，使其效果得到保证。

8. 全面评价原则。

为了对员工的职业生涯发展状况和组织的职业生涯规划与管理工作状况有正确的了解，要由组织、员工个人、上级管理者、家庭成员以及社会有关方面对职业生涯进行全面的评价。在评价中，要特别注意下级对上级的评价。

拓展阅读

一个成功的职业生涯变化的10个步骤

你开始对一种新职业感兴趣了吗？如果是，那么现在就是你花时间来评估你目前状况的关键时刻了——开创你的职业领域并选择一种令你满意的职业。

这里是让你成功改变职业生涯的十大步骤。

1. 评估你目前的工作满意度。

将你对自己工作状况的日常反应记录在案，并查看反复出现的词条。你喜欢或不喜欢目前工作的哪些方面？你的不满是否与你工作的内容、公司文化还是同事有关？

2. 使用自助工具来评估自己的兴趣、价值和技能，比如 What Color is Your Parachute 里面的练习题。

回顾你曾经获得成功的某个角色、志愿者工作、计划方案和能够识别首要行为和技能的工作。确定你在目前的职业中的核心价值和能力所在。

3. 头脑风暴法改变职业生涯。

与你的朋友、家人、网友交流，与咨询师一起讨论你的核心价值和能力，查阅职业生涯规划资料库，同时利用网络在线资源，例如，从职业搜索网站上的 Career Advice 部分获取的资源。

4. 进行初步的比较评估。

为了满足深入研究的需要，首先要对几个主要的目标领域进行比较评估。

5. 尽可能多地阅读。

为了最大限度地阅读关于这些领域的知识，同时为了得到第一手信息，你需要亲自接触这些领域。

6. 跟随权威专家。

跟随你感兴趣的领域的专家，并且直接观察他们的工作。每天花几个小时跟随那些在你感兴趣的领域工作的权威人士。学院的职业办公室是一个很好的去处，因为那里总是能找到乐于接受实习生和他们一起工作的校友。

7. 区分志愿者和自由职业者。

要将与你的目标领域相关的志愿者的行为和自由职业者的行为区别开来。比如，如果你想以出版行业为职业，你可以试着去编辑 PTA 时事通讯，如果你对和动物一起工作很感兴趣，那么你就可以去当地的动物保护区当志愿者。

8. 考察教育机会。

通过教育可以构建起通往新领域的知识背景，可以考虑在当地的大学读夜校，花一些时间参加讨论会，和你目标领域中的专业团体接触，同时还可以获取很多建议。

9. 寻找能开发新技能的方式。

在你目前的工作中寻找开发新技能的方式，这样可以为你改变职业铺路。比如，如果基金申请在新领域很有用，就去接手一份撰写基金申请书的工作。

10. 考虑可供选择的角色。

在你目前的行业中，考虑那些需要你已经具备行业知识的可供选择的职业。比如，如果你是一家大型零售连锁店的仓库经理，你已经越来越厌倦晚上和周末的时间，那么你可以考虑做零售业公司招聘人员；如果你是一个不想编程的程序员，你可以考虑去做技术销售或项目经理。

应知应会

(一)填空题

1. 职业要素中职业名称通常由________通用称谓来命名。

2. 职业的特征包括________、________、________、________、________、________。

3. 职业生涯规划，是指________或者________把个人发展与组织发展相结合，对决定个人职业生涯的________、组织因素和________等进行分析，制定有关对个人一生中在事业发展上的战略设想与计划安排。

4. 职业按心理的个别差异进行分类。这种分类方法是根据美国著名的职业指导专家________创立的“人格—职业”类型匹配理论，把人格类型划分为六种，即________、调研型、________、________、企业型和________。与其相对应的是六种职业类型。

5. 职业分类有助于建立合理的________和________体系。

6. 职业生涯规划是指________对其一生中所承担职务相继历程的________和________，包括一个人的学习，对一项职业或组织的生产性贡献和最终退休。

7. ________是指员工利益与组织利益的整合。

(二)简答题

1. 请简要谈谈职业的内涵与要素。

2. 职业生涯设计的步骤。设计时应该注意的问题。

3. 职业分类的基本特征。

4. 简要谈谈职业生涯规划的目标、原则。

(三)论述题

1. 试分析职业生涯规划的基本内容。

2. 论述职业生涯规划的意义。

第二章

认识自我

学习导航

- 了解自己的个性特点
- 知道个性形成的主要制约因素
- 了解兴趣的作用
- 学会培养自己对职业的兴趣
- 了解职业认知的含义和方法
- 知道职业价值观的含义、特性和作用

俗话说得好，人最大的敌人不是别人而是自己。认识自己比认识别人更重要，我们只有充分认识了自己，才能根据社会的需求更有针对性地培养自己的职业兴趣、完善自己的性格特点，不断提高自己的职业能力，从而取得个人职业生涯的成功。

第一节　我的个性

一棵树上很难找到两片形状完全一样的叶子，一千个人之中也很难找到两个人在思想情感上完全协调。

——歌德

故事分享

尺有所短，寸有所长

李娟，中文专业毕业，性格文静，有较强的中文写作能力，但不善于表达，不善于人际交往。她在做中学教师的两三年中发现自己不适合做教师，不具备教师应有的管理学生的能力。课堂上她不能调动学生的积极性，所带班级学生成绩不理想，学校不满意，自己也苦恼。她想转行从事能够发挥自己文字特长的工作，但学校工作环境稳定，福利优厚，又不忍离去，且李娟也不知道自己转行的可行性有多大，应转到其他什么行业才合适。后来，她接受了专门的职业指导后改行从事媒体文字编辑工作。现在，经常能在报刊上看到她的文章，她自己很快乐，找到了职业的满足感。

一、个性的基本内涵

在日常生活中，我们会发现，有的人与你只有一面之交，你却记忆深刻，而有的人与你朝夕相处，你却经常将他遗忘。一个班上的同学，老师为什么总是容易记住少数几个学生？其中的奥妙就是个性在起作用。

那么，什么是个性呢？个性是指一个人在其生活、实践活动中经常表现出来的、比较稳定的、带有一定倾向性的个体心理特征的总和，即一个人区别于其他人的独特的精神面貌和心理特征。

现代心理学家认为，个性是指人的性格、气质、能力、兴趣等心理状态的总和。个性是一个人整个的、稳定的心理特征的总和。任何人的心理过程都包括认知、情感和意志三个过程。个人的心理特征就是指这三个心理过程的倾向性和特征。正是这些稳定的倾向性和特征构成所谓个人的心理面貌，这就是个性。由于各自的不同特征，构成了人们的个性差异，主要表现为：气质差异、能力差异和性格差异。

个性特征可分为两部分：一般的个性特征如倔强、坦率、固执、平和；与工作相关的个性特征如责任心强、耐心细致、处理细节的能力强，良好的沟通及解决问题的能力等。

个性对于一个人的行为、生活具有直接的影响，对于一个人的命运、前途都有直接的作用。职业生涯的成功是以自我了解为基础的。你越是知晓、理解、接受独特的我，你就越可能做出好的职业选择。

二、个性的特征

1. 独特性

个性的独特性是指人与人之间的心理和行为各不相同的。正如一棵树上没有两片完全相同的叶子一样，世界上也没有两个完全相同的人。人与人之间都存在着个性差异。比如人们的兴趣、爱好是极其多样的：有人喜欢体育，有人爱好美术，有人酷爱音乐，有人对文学作品爱不释手。人们的能力也各不相同，有人长于组织工作，有人善于表达，有人富于想象，有人逻辑思维较强。人们在气质和性格的表现上更是多种多样；有人脾气暴躁，有人慢性子，有人热情直率，有人不够真诚，有人勇敢，有人急公而好义，有人以一己利益为重……人的个性千差万别，正如俗语所说：“人心不同，各如其面。”

2. 稳定性

俗话说：“江山易改，本性难移。”个性是比较稳定的，也正因为个性具有稳定性的特点，我们才能把一个人和另外一个人在精神面貌上区别开来，我们才能预料到一个人在某种情况下将会做什么，这也是分析一个人的依据。任何人都会偶然忘记某种东西，但不能因此说健忘是所有人的个性。如果某人在生活或工作中，经常丢三落四，那么可以说这个人有粗心大意或健忘的个性特征。

3. 可塑性

我们说个性具有稳定性，是相对稳定的，并不是一成不变的。因为现实生活非常复杂，随着社会环境和生活条件、教育条件的变化、年龄的增长、主观的努力等，个性也可能会发生某种程度的改变。特别是生活中的重大事件或挫折，往往会在个性上留下深刻的烙印，从而影响个性的发展，这就是个性的可塑性。当然，个性的变化比较缓慢，不可能立竿见影。一个人的个性形成后，随着社会环境的变化和个人的发展以及人与人之间关系的改变，也会有所改变。特别是在青年时代，个性表现出很大的可塑性。

三、个性的形成

人的个性差异是在不同的遗传素质基础上，通过不同的社会环境的影响，接受不同的教育和从事不同的社会实践活动而逐渐形成的。一个人个性的形成和发展受以下因素影响。

1. 家庭因素

在日常生活中，人们会发现，子女与父母之间往往不只是容貌、体形相似，而且性格、智力、兴趣等也有某些相似之处。在父母言传身教的影响下，子女会经常观察和模仿家长的行为，这样，在子女身上会逐渐表现出父母身上的某些个性特征。

在现实生活中，人们经常看到：一些家庭为音乐世家、文学世家、教师世家；一些家庭几代人在性格、信仰、能力方面有很多相似之处。家庭的经济地位与政治地位、父母的文化素养和言行、家庭成员之间的关系等因素，对一个人个性的形成和发展有很大影响。“父母是孩子的第一任老师”“有其父必有其子”等俗语都形象地说明了家庭因素对人个性的影响。

相关链接

生活中，我们可能还有这样的经验，那就是一个从小生活在优裕环境中的人，由于他从来不为一些日常小事发愁，所以很容易形成一种大度豁达的性格，不会斤斤计较，什么事都放得开，且有一种包容的气度。我国书法家启功先生就具有这样的性格。在书香门第中长大的孩子，举手投足之间都会透出一种温雅的气质，农村来的孩子，其性格中的朴实与憨厚也是掩盖不住的。有良好家教的孩子待人接物彬彬有礼，对待老人尊敬有加，相反，从小娇生惯养的孩子则可能显得骄横跋扈，让人难以接近。这些都是环境对人的性格产生影响的有力实证。

2. 学校因素

中职阶段是青少年个性形成的重要时期，学校的文化知识、思想品质、行为规范的教育对学生良好个性的培养有至关重要的影响。这些影响主要来自课堂教学、课外活动、班集体的风貌、师生关系与同学关系等。一个优秀的班主任和一个良好的班集体所培养出来的学生的个性往往就会有很大的差别，并且对一个学生的一生都会有影响。因此，选择好的班主任、建立良好的班集体在学校工作中显得尤为重要。

3. 社会因素

社会和社会实践对一个人的个性培养和发展的作用也不容忽视，而且可能会最终决定一个人个性的形成。当一个人从家庭、学校到最终进入社会，为了适应日益扩大的生活领域和人际交往，在反复学习各种新角色、新工作中应有的行为方式和对事物的态度的同时，也改变和形成了某些个性特征。

职业类型、劳动报酬、荣誉、与领导和同事的关系等都会对个性的变化起重要作用。如人际关系的和谐、领导的信任、事业的得心应手，会使个体的才能得到充分的发挥，情绪饱满，容易显示出积极、主动、活泼、热情的个性。

职业的不同也直接影响人的个性，如教师热情、冷静、有口才、思维敏锐、有条理；文艺工作者活泼、开朗、情感丰富、富于创造性等。

除了上述这些因素以外，年龄也会对一个人的个性产生影响，不同的年龄段，个性都会有明显的区别，这与人的思想发展、知识面的扩大、经验的积累有关。

总之，一个人的个性是在各种内外因素的共同影响下形成和发展变化的。

四、个性与职业

1. 选择与个性相符的职业

为什么有的同学做出这样的职业选择而其他同学不是，为什么有的人放弃了大多数人视为珍宝的职业岗位去开辟另一片新天地，为什么有的青年人虽然按照某种固定的模式生活得很投入，但总是找不到自己应有的职业满足感？诸如此类的问题涉及人的职业与个性。

你越了解自己的个性，则越容易发现适合自己的职业。如果在你走上职业道路时，能把自己的性格和兴趣考虑进去，你就极有可能从工作中得到乐趣和满足感。

一些人认为，把职业选择建立在适合自身特点和喜好的基础上是不现实的。人们关注更多的是：这所学校能提供什么样的文凭和课程，哪些职业具有较高的职业稳定性和工资报酬。其实在许多情况下，我们都有机会根据自己的兴趣去探究和了解一些职业。例如，一个男孩热爱足球但又不愿意经过长时间的训练去做一名职业球员，他就干脆放弃了在这个领域的一切可能的工作机会。其实，他完全可能寻找一份与自己的兴趣有关的职业，比如去做一个球队的体能陪练，一个足球场的场地管理员，或是一个社区娱乐活动的组织者。这些职业都比做与足球毫无关联的工作更适合他的个性。

人的不同个性使人与人相区别。正因为如此，一个人不会适合每一种职业。同样，一种职业也不会适合所有人。个性决定了你对某种职业的适应程度，是职业决策的重要心理学依据。

2. 个性的分类

(1)活泼型/表达型

特征：外向、合群、直率友好、活泼、热情、快速的动作和手势、不注重细节、生动活泼、抑扬顿挫的语调、令人信服、幽默且有说服力的语言。优点：善于劝导，注重与别人的关系。弱点：缺乏条理，粗心大意。反感：循规蹈矩。追求：广受欢迎与喝彩。担心：失去声望。动机：别人的认同。

与其沟通技巧：在和表达型的人沟通的时候，我们的声音一定要洪亮。要有一些动作和手势，如果我们很死板，没有动作，那在表达动作的过程中，我们的眼神一定要看着他的动作，否则，他会感到非常失望。他经常说你看这个方案怎么样，一定要看着他的手，认为这里就有方案。在沟通中你也要学会伸手，“你看，我这个方案怎么样?”他会很好奇地看着你的手，仿佛你手里有一个完整的解决方案。表达型的人的特点是只见森林，不见树木。所以在与表达型的人沟通过程中，我们要多从宏观的角度去说一说：“你看这件事总体怎么样”“最后怎么样”。说话要非常直接。表达型的人不注意细节，甚至有可能说完就忘了，所以达成协议以后，最好与之进行书面确认，这样可以提醒他。

(2)力量型/支配型

特征：善做决断、有作为、敢于冒险、强调效率、指挥人、有目光接触、独立、说话快且有说服力、缺乏耐心、语言直接，有目的性、热情，面部表情比较少、计划、情感不外露、审慎。优点：善于管理、主动积极。弱点：缺乏耐心、感觉迟钝。反感：优柔寡断。追求：工作效率、支配地位。担心：被驱动、被强迫。动机：获胜、成功。

与其沟通的技巧：你给他的回答一定要非常准确。你和他沟通的时候，可以问一些封闭式的问题，他会觉得效率特别高。对于支配型的人，要讲究实际情况，有具体的依据和创新的思想。支配型的人非常强调效率，要在最短的时间里给他一个非常准确的答案，而不是一个模棱两可的结果。同支配型的人沟通的时候，一定要非常直接，不要有太多的寒暄，直接说出你的来意，或者直接告诉他你的目的，要节约时间。说话的时候声音要洪亮，充满信心，语速要比较快。如果你在这个支配型的人面前声音很小且缺乏信心，他就会产生怀疑。在与支配型的人沟通时，一定要有计划、并且最终要落到结果上，他看重结果。在和支配型人谈话时不要感情流露太多，要直奔结果，从结果的方向说，而不是从感情的方向说。你在和他沟通的过程中，要有强烈的目光接触，目光的接触是一种信心的表现，所以说和支配型的人一起沟通时，你一定要和他有目光的接触。同支配型的人沟通的时候，身体一定要略微前倾。

(3)完美型/分析型

特征：优柔寡断、耐心闲适、善于聆听、生性矜持、谨言慎行、语言准确、语调单一、注意细节、有计划有步骤、面部表情少、喜欢有较大的个人空间。优点：做事讲求条理、善于分析。弱点：完美主义，过于苛刻。反感：精细准确、一丝不苟。担心：批评与非议。动机：进步。

与其沟通的技巧：注重细节、遵守时间、尽快切入主题、要一边说一边拿纸笔记录，像他一样认真一丝不苟。不要有太多的身体接触，你的身体不要前倾太多，应该略微后仰，因为分析型的人强调安全，尊重他的个人空间。同分析型的人在说话的过程中，一定要用很多的专业术语，这是他们的需要。分析型的人在说话的过程中，要多列举一些具体的数据，多做计划，使用图表。

(4)和平型/和蔼型

特征：合作、频繁的目光接触、友好、说话慢条斯理、赞同、声音轻柔、抑扬顿挫、耐心、使用鼓励性的语言、轻松、办公室里有家人的照片、面部表情和蔼可亲。优点：恪尽职守、善于聆听。弱点：过于敏感、缺乏主见。反感：感觉迟钝。追求：被人接受、生活稳定。担心：突然的变革。动机：团结、归属感。

与其沟通的技巧：和蔼型的人看重的是双方良好的关系，他们不看重结果。要对和蔼型的人的办公室照片及时加以欣赏。同和蔼型的人沟通的过程中，要时刻面带微笑。说话要慢，要注意抑扬顿挫，不要给他压力，要鼓励他，去征求他的意见。遇到和蔼型的人一定要时常注意与他有频繁的目光接触。

案例分析

该来的没来，不该走的又走了

有一位主人在家中请客，三位客人已经到了，没想到主人的嘴里突然冒出一句：“该来的没有来。”一位客人马上想到，这是不是在说我们都是不该来的，于是他赶紧起身告辞。主人发现自己说错了，又急忙解释道：“不该走的又走了。”这句话引起了另一位客人的多疑，他想既然走的是不该走的人，那就是说我是该走的人啦，于是他也知趣地离开了。主人见状就更着急了，其实他丝毫没有让这三位客人走的意思，情急之下他又冒出了这么一句话："我说的又不是你。"此时，仅剩下的最后一位客人听到这句话马上想到，说了半天你说的是我呀？于是他也拂袖而去。

(1)从案例中，可以看出这位主人是什么类型的个性？

(2)从个性与职业的角度出发，你给这位主人提一些建议。

第二节　我的兴趣

学问必须合乎自己的兴趣，方才可以得益。

——莎士比亚

思维世界的发展，在某种意义上说就是对惊奇的不断摆脱。

——爱因斯坦

故事分享

2001年5月，美国内华达州的一所中学在入学考试时出了这么一个题目：比尔·盖茨的办公桌有五个带锁的抽屉，分别贴着财富、兴趣、幸福、荣誉、成功五个标签，盖茨总是只带一把钥匙，而把其他四把锁在抽屉里。请问盖茨带的是哪一把钥匙？其他四把钥匙锁在哪一个或哪几个抽屉里？

一位刚到美国的中国学生，恰巧赶上这场考试，看到这个题后，一下慌了手脚，因为他不知道它到底是一道语文题还是一道数学题。考试结束后，他去问他的担保人——该校的一名理事。理事告诉他，那是一道智能测试题，内容不在书本上，也没有标准答案，每个人都可根据自己的理解自由地回答，但是老师有权根据他的观点给一个分数。

中国学生在这道9分的题上得了5分。老师认为，他没写一个字，至少说明他是诚实的，凭这一点应该给一半以上的分数。让他不能理解的是，他的同桌回答了这个题目，却仅得了1分。同桌的答案是，盖茨带的是财富抽屉上的钥匙，其他的钥匙都锁在这个抽屉里。

后来，他的这位美国同桌写信向比尔·盖茨请教答案。比尔·盖茨在回信中写了这么一句话：最感兴趣的事物上，隐藏着你人生的秘密。

记住：在你最感兴趣的事物上，隐藏着你人生的秘密。

一、什么是兴趣

兴趣是个体力求认识、掌握某种事物，并经常参与该种活动的心理倾向。

每个人都会对自己感兴趣的事物给予优先注意并积极地探索，并表现出好奇倾向。例如，对美术感兴趣的人，对各种油画、美展、摄影都会认真欣赏、点评，对好的作品进行收藏、模仿；对钱币感兴趣的人，会想尽办法对古今中外的各种钱币进行收集、珍藏、研究。兴趣可分为物质兴趣、精神兴趣和社会兴趣，也可分为直接兴趣和间接兴趣。

人的兴趣具有倾向性、广阔性、持久性等品质。稳定的兴趣会促使个体取得更大的成功。

个体的兴趣与父母的兴趣有较大的相似性，年龄的变化和时代的变化也会对个体的兴趣产生较大影响。就年龄方面来说，少儿时期往往对图画、歌舞感兴趣，青年时期对文学、艺术感兴趣，成年时往往对某种职业、某种工作感兴趣。一个人随着年龄的增长、知识的积累、兴趣的中心在转移。就时代来讲，在不同的物质和文化条件下，个体的兴趣表现出较大的差异。

职业兴趣是一个人探究某种职业或者从事某种职业活动所表现出来的特殊个性倾向，它使个人对某种职业给予优先的注意，并且产生向往的情感。个体对某种职业感兴趣，就会对该种职业活动表现出肯定的态度，并积极思考，乐于探索和追求。

一个人如果能根据自己的兴趣去选择职业，他的主动性将会得到充分发挥。即使十分疲倦和辛劳，也总是兴致勃勃，心情愉快，即使困难重重，也绝不灰心丧气，也能想尽办法，百折不挠地去克服它，甚至废寝忘食，如痴如醉。

小贴士

兴趣的发生和发展一般要经历这样一个过程，有趣—乐趣—志趣。有趣是兴趣发展过程的第一个阶段，也是兴趣发展的初级阶段，它往往短暂易逝，非常不稳定。处于这一阶段的兴趣常常与你对某一事物的新奇感相联系，随着这种新奇感的消失，兴趣也会逐渐消失。乐趣是兴趣的第二个阶段，它是在有趣定向发展的基础上形成的，是兴趣发展的中级阶段。在这一阶段中，学生的兴趣开始转移，深入起来，如喜爱文学的学生很可能常常醉心于文学作品。志趣是兴趣发展过程中的第三个阶段，当乐趣同你的社会责任感、理想、奋斗目标结合起来时，乐趣便变成了志趣。志趣是个体取得成功的有效动力，也是衡量个体敬业精神的重要标志之一。

二、兴趣的作用

人们的兴趣往往表现出较大差异。正是这种兴趣上的差异，使得人们对职业的选择有各自的倾向性。具体来说，兴趣对个体职业生涯的影响主要表现在以下三个方面。

1. 兴趣可以促使职业定向

某职校学生小郭从小喜欢摆弄电器，在学校刻苦学习家用电器专业的知识和技能，就业后更痴迷于音响技术，后来成为一家电器城极为出色的调音师。可以说，是兴趣决定了小郭的职业方向，引导小郭走向成功。人们对某种职业有兴趣，就会优先注意并设法去了解它，对它抱有积极肯定的态度，甚至选择这一职业。

在对刚进入中职学校的新生的问卷调查中，关于“你为什么选择这个专业”这个问题，有70%的同学都回答是因为喜欢这个专业，对此有兴趣。对自己的兴趣或兴趣类型有了正确的评估后，就可以帮助你进行职业决策。职业兴趣一旦形成，就会对人的行为产生一定的导向性，使人积极寻求实现职业理想的途径和方法。

2. 兴趣可以开发潜能，提高效率

对某一工作感兴趣时，枯燥的工作也会变得丰富多彩、回味无穷。兴趣使认识过程和活动过程不再是负担，而是一种享受。兴趣可以调动身心的全部精力，以敏锐的观察力、高度集中的注意力、深刻的思维和丰富的想象力投入工作，从而有助于提高工作效率。

美国曾对两千多位著名的科学家进行调查，发现很少有人是为了谋生的目的而工作，他们大多是出于个人对某一领域问题的强烈兴趣而孜孜以求，不计名利报酬，忘我地工作，他们的成功是与他们的兴趣相联系的。兴趣是成功的一个重要推动力，它能将你的潜能最大限度地调动起来，使你长期专注于某一领域，作出艰苦的努力，取得令人瞩目的成绩。

小贴士

曾有人进行过研究：如果个体从事自己感兴趣的职业，则能发挥其全部才能的80%～90%，而且能长时间保持高效率而不感到疲惫；若对所从事的工作没有兴趣，则只能发挥他全部才能的20%～30%。

3. 兴趣能增强工作满意度

兴趣在某些情况下(如不考虑经济因素等)，甚至具有决定性作用。一般来说，从事自己不感兴趣的职业很难让个体感到满意，并由此导致工作的不稳定。有的人之所以放弃报酬较高的工作，就是因为缺乏兴趣，自己感到不快乐。

陈飞从小酷爱画画，从中职学校美术专业毕业后，升入高等院校继续学习。毕业后几经周折，和几个同学成立了一家装饰公司。陈飞和同伴们常常夜以继日地工作，从创业的艰难到公司逐步走上正轨，如今已是“老总”级人物。他们对自己的职业非常满意，实现了兴趣与职业、职业与成功的统一。

三、职业兴趣的类型

按照美国著名心理学教授约翰·霍兰德的职业理论，人的职业选择是其人格的反映，而个人的人格类型与其职业兴趣密切相关。某一类型的职业通常会吸引具有相同人格特质的人，这种人格特质反映在职业选择上就形成了职业兴趣。

霍兰德认为，大多数人的人格类型，也就是职业兴趣可以分为六大类，即实际型、调研型、艺术型、社会型、企业型和常规型。兴趣与职业环境的匹配是形成职业满意度、成就感的基础。各个兴趣类型的特点及较为适宜的职业环境如表所示。

人格类型与职业选择

类型	劳动者	职业
实际型（现实型）	①愿意使用工具从事操作性工作 ②动手能力强，做事手脚灵活，动作协调 ③善于言辞，不善交际	主要指各类工程技术工作，农业工作，通常需要一定的体力，需要运用工具或操作机器 主要职业有：工程师、技术员、机械操作、维修、安装工人、矿工、木工、电工、鞋匠等；司机、测绘员、描图员；农民、牧民、渔民等。
调研型（探索型）	①抽象思维能力强，求知欲强，肯动脑，善思考，不愿动手 ②喜欢独立的和富有创造性的工作 ③知识渊博，有学识才能，不善于领导他人	主要是指科学研究和科学实验工作 主要职业：自然科学和社会科学方面的研究人员、专家；化学、冶金、电子、无线电、电视、飞机等方面的工程师、技术人员；飞机驾驶员、计算机操作员等。
艺术型	①喜欢以各种艺术形式的创作来表现自己的才能，实现自身的价值 ②具有特殊艺术才能和个性 ③乐于创造新颖的、与众不同的艺术成果，渴望表现自己的个性	主要是指各类艺术创作工作 主要职业：音乐、舞蹈、戏剧等方面的演员、艺术家编导、教师；文学、艺术方面的评论员；广播节目的主持人、编辑、作者；绘画、书法、摄影家、艺术、家具、珍宝、房屋装饰等行业的设计师等。
社会型	①喜欢从事为他人服务和教育他人的工作 ②喜欢参与解决人们共同关心的社会问题，渴望发挥自己的社会作用 ③比较看重社会义务和社会道德	主要是指各种直接为他人服务的工作，如医疗服务、教育服务、生活服务等 主要职业：教师、保育员、行政人员；医护人员；衣食住行服务行业经理、管理人员和服务人员；福利人员等。

（续）

类型	劳动者	职业
企业型（事业型）	①精力充沛、自信、善交际、具有领导才能 ②喜欢竞争，敢于冒险 ③喜欢权力、地位和物质财富	主要是指那些组织与影响他人共同完成组织目标的工作 主要职业：企业家、政府官员、商人、行业部门和单位的领导者、管理者等。
常规型（传统型）	①喜欢按计划办事，习惯接受他人的指挥和领导，自己不谋求领导职务 ②不喜欢冒险和竞争 ③工作踏实，忠诚可靠，遵守纪律	主要是指各类与文件档案、图书资料、统计报表等相关的各类科室工作 主要职业：会计、出纳、统计人员、打字员；办公室人员；秘书和文书；图书管理员；外贸职员、保管员、邮递员、审计人员、人事职员等。

然而，大多数人都并非只有一种职业兴趣类型(比如，一个人的职业兴趣类型中很可能包含社会型、实际型和调研型这三种类型)。霍兰德认为，这些类型越相似，相容性越强，则一个人在选择职业时所面临的内在冲突和犹豫就会越少。为了帮助描述这种情况，霍兰德建议将这六种类型分别放在一个正六边形的每一角。霍兰德所划分的六大类型，并非并列的、有着明晰边界的。他以六边形标出六大类型的关系，如图所示：

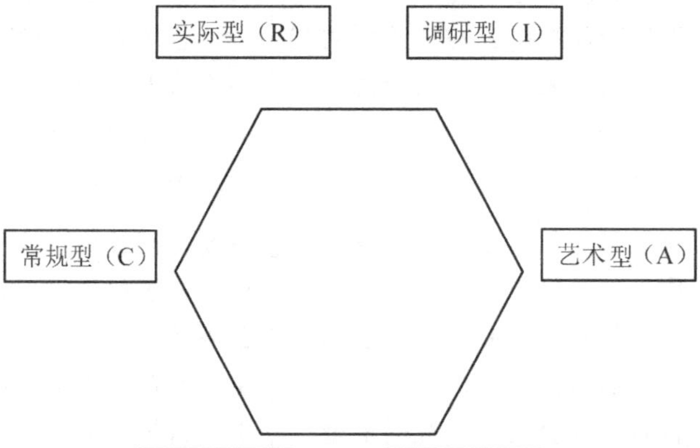

从图中可以看出：每一种类型与其他类型之间存在不同程度的关系，大体可分为三类。

(1)相邻关系，如 RI、IR、IA、AS、SA、SE、ES、EC、CE、RC 及 CR。属于这种关系的两种类型的个体之间共同点较多，实际型(R)、调研型(I)的人就都不太偏好人际交往，这两种职业环境中也都较少有机会与人接触。

(2)相隔关系，如 RA、RE、IC、IS、AR、AE、SI、SC、EA、ER、CI 及 CS，属于这种关系的两种类型的个体之间共同点较相邻关系少。

(3)相对关系，在六边形上处于对角位置的类型之间即为相对关系，如 RS、IE、AC、SR、EI 及 CA，相对关系的人格类型共同点少，因此，一个同时对处于相对关系的两种职业环境都兴趣很浓的情况较为少见。

人们通常倾向于选择与自我兴趣类型相匹配的职业环境，如具有实际型兴趣的人希望在实际型的职业环境中工作，可以更好地发挥个人的潜能。在职业选择中，个体并非一定要选择与自己兴趣完全对应的职业环境。一则因为个体本身常是多种兴趣类型的综合体，单一类型显著突出的情况不多，因此评价个体的兴趣类型时也时常以其在六大类型中得分居前三位的类型组合而成，组合时根据分数的高低依次排列字母，构成其兴趣类型，还要参照社会的职业需求及获得职业的现实可能性。因此，职业选择时会不断妥协，寻求与相邻职业环境甚至相隔职业环境中的工作，在这种环境中，个体需要逐渐适应工作环境。但如果个体寻求的是相反的职业环境，意味着所进入的是与自我兴趣完全不同的职业环境，则工作起来可能难以适应，或者难以做到工作得很快乐，相反，甚至可能会使每天工作得很痛苦。

兴趣并不是一成不变的，它会随着一个人的成长及环境的变动而有所改变。

同学们可以根据类型对应表以及上面的六边形法则一起来讨论，启发思考自己的兴趣爱好和职业的关系。

兴趣是在需要的基础上，在活动中产生和发展起来的。人的需要是多种多样的，一种需要得到满足后，还会产生新的需要，兴趣也会随着需要的变化而变化。因此，职业兴趣作为人的一种心理倾向，是可以在专业学习和社会实践活动中培养的。

故事分享

小秦的转变

小秦一直热爱画画，中职毕业后，他选择了出国留学深造。可是，在国外的生活太拮据了，读书之余，他要打工赚取生活费。有人介绍了一份工作给他，就是帮宾馆修剪草坪。这个工作和画画大相径庭，不仅需要好体力，而且剪草坪的剪刀还会把手磨得粗糙不堪。起初小秦很不情愿，因为他的梦想是当一名油画家而不是草坪工人，但生活的现实是残酷的，他只好一次次赶到宾馆外面，对着草坪和灌木不断地重复着单调的工作。

在国外的三年时间里，小秦一直靠在宾馆修剪草坪谋生。他渐渐地发现，修剪草坪也并非总是那么枯燥。有一天，他不小心铲坏了一块草坪，为了弥补损失，小秦就把铲坏的草坪修成了一幅画的样子，竟得到了宾馆人员的激励和赞赏，薪酬也因此增加了一倍。

小秦开始喜欢修剪草坪这个工作了。后来，因为请他修剪草坪的宾馆多了起来，小秦不得不雇佣了一些帮手。再后来，他有了自己的小店，三年以后成立了自己的公司——一家专门设计、修剪草坪的公司。

问题：

1. 从这个小故事来看，你认为小秦属于哪种职业兴趣类型？
2. 从小秦的转变中，你有什么启发？

四、如何巩固和培养你的兴趣

1. 拓展职业认识面

认识的职业种类越多，对职业的性质了解得越细致，你的职业兴趣就会越广泛。职业兴趣越广泛，你的择业动机就越强，择业的余地也会相对较大。

2. 必要的社会责任感

当就业环境和自身素质决定你必须干自己不喜欢的工作时，你应该拿出必要的对社会负责的态度来，培养自己的职业兴趣，即所谓“干一行，爱一行”。事实上，在择业时，多数人并不总是能够挑选到自己的理想职业。当你还不能选择到自己满意的职业时，就必须尽快调整职业期望值，适应工作环境，在不理想的职位上，培养职业兴趣，干出一番理想的事业来。“把没有意思的工作很有意思地去完成。”美国人际关系学专家戴尔·卡内基这样告诫人们。

3. 先就业，后择业

许多人的就业实践表明，走上职位的方法多种多样，有被别人安排的，有自己找到的，有撞上的，有捡来的，有被迫干上的。除去自己找到的职业外，其他几种就业方式都是被动的。被动得到职业，或许你也会对它产生兴趣，其方法是先就业，后择业。不少职业，你刚开始从事的时候，可能对之毫无兴趣。但随着你从业时间的延长和职业技能的提高，加之对职业生涯意义的全面了解，特别是当你能够在这些职位上取得一定成绩的时候，你的职业兴趣就会大大增加。只要你专心地、深入地去从事某种职业，你会发现它有一种使你倾心的魅力。

4. 量体裁衣

陶行知先生曾讲过一段发人深省的话：“我觉得中学生有一个大问题，即择业问题。我以为择业时要根据个人的才干和兴趣，做事要有快乐，所以我们要根据个人的兴趣来择业，但是我们要成功，我们必要有那样的才干。”才干，一般是指你最拿手、最擅长的某些知识或技能。在通常情况下，才干与兴趣有着互相推动的效应，即兴趣产生才干，才干助长兴趣；同时才干也能产生兴趣，兴趣又会强化才干。但是，在你初次择业时，应以自己所拥有的才干，即擅长的知识和技能去选择职业。因为根据自己才干适应职业的状况来择业，往往更趋向于职得其人、人适其职的最佳状态。在这种最佳状态下，你的工作才能越做越有兴趣，越做越有才干，最后的结果才可能使你成为某一职业领域内的人才。

合作探究

一个人的兴趣是在他的生活实践中逐渐形成、变化和趋于定型的。你从小学、初中到职业学校的阶段，在学习、工作、休闲、家庭、社交和自我成长方面，有没有你特别喜欢的活动？有没有特别值得自豪的成就？有没有印象特别深刻或开心的事情？请将它们一一写出来，然后根据表格分析你的兴趣可能是什么。

兴趣分析表

	小学阶段	初中阶段	职校阶段	你的兴趣是
学习方面				
工作方面				
休闲方面				
家庭方面				
社交方面				
自我成长				

有没有发现自己的兴趣在不同的成长阶段是不太一样的？想一想这些转变是怎么发生的。有没有注意到自己哪些兴趣是没有改变的？想一想是什么可以让你一直坚持着。请试着将你的兴趣按照霍兰德六种职业兴趣归类，看看你哪一类的职业兴趣较多。这可以作为你日后职业生涯规划的参考。

1)实际型：

2)调研型：

3)艺术型：

4)社会型：

5)企业型：

6)常规型：

当你发现你的兴趣后，就可以思考与你的兴趣相关的职业了。深刻地去了解在某些职业岗位上人们实际上在做哪些事情，然后把这些事与自己的兴趣进行比较。

五、兴趣类型与相对应的职业

请你仔细阅读下面的问题，对于每一项活动，如果你的回答是肯定的话，则在“是”一栏中打“钩”，如果你的回答是否定的话，则在“否”一栏中打“钩”。最后把“是”一栏的回答次数相加，哪种类型的“是”最多，相应的兴趣类型就越符合你的职业兴趣特点；“否”越多的类型，相应的兴趣类型就越不符合你的职业兴趣的特点。然后对照各种兴趣类型所对应的职业，给自己的职业生涯定位。

测试内容

兴趣类型 1

1. 你喜欢自己动手修理收音机、自行车、缝纫机、钟表、电线开关一类的器具吗？ 是 否

2. 你对自己家里使用的电扇、电熨斗、缝纫机等器具的质量和性能了解吗？ 是 否

3. 你喜欢动手做小型模型(诸如滑翔机、汽车、轮船等)吗？ 是 否

4. 你喜欢与数字、图表打交道(诸如记账、指标、制图)一类的工作吗？ 是 否

5. 你喜欢制作工艺品、装饰品和衣服吗？ 是 否

兴趣类型 2

1. 你喜欢给别人买东西当顾问吗？ 是 否

2. 你热衷于参加集体活动吗？ 是 否

3. 你喜欢接触不同类型的人吗？ 是 否

4. 你喜欢拜访别人、爱与人讨论各种问题吗？ 是 否

5. 你喜欢做把事物分类和归档的工作吗？ 是 否

兴趣类型 3

1. 你喜欢没有干扰地、有规律地从事日常工作吗？ 是 否

2. 你喜欢对任何事情都预先做周密的安排吗？ 是 否

3. 你喜欢查阅字典、词典和资料索引吗？ 是 否

4. 你喜欢按固定的程序有条不紊地工作吗？ 是 否

5. 你喜欢把事物分类和归档的工作吗？ 是 否

兴趣类型 4

1. 你喜欢倾听别人的难处并乐于帮助别人解决困难吗？ 是 否

2. 你愿意为残疾人服务吗？ 是 否

3. 在日常生活中，你愿意给人们提供帮助吗？ 是 否

4. 你喜欢向别人传授知识和经验吗？ 是 否

5. 你喜欢做防病治病和照顾病人的工作吗？ 是 否

兴趣类型 5

1. 你喜欢主持班级集体活动吗? 是 否
2. 你喜欢接近领导和老师吗? 是 否
3. 你喜欢在人多时发表自己的观点和意见吗? 是 否
4. 如果老师不在时，你能主动维持班里学习和生活的正常秩序吗? 是 否
5. 你具有强烈的责任感和工作魄力吗? 是 否

兴趣类型 6

1. 你特别爱读文学著作中对人的内心世界的细致描写吗? 是 否
2. 你喜欢听人们谈论他们的活动和想法吗? 是 否
3. 你喜欢观察和研究人的心理和行为吗? 是 否
4. 你喜欢阅读有关领导人物、政治家、科学家等的名人传记吗? 是 否
5. 你很想了解世界各国的政治和经济制度吗? 是 否

兴趣类型 7

1. 你喜欢参加技术展览会或收听、收看技术新闻的节目吗? 是 否
2. 你喜欢阅读科技杂志(诸如《我们爱科学》《科学 24 小时》等)吗? 是 否
3. 你想了解生机勃勃的大自然的奥秘吗? 是 否
4. 你想了解使用精密科学仪器和电子仪器的工作吗? 是 否
5. 你喜欢复杂的绘图和设计工作吗? 是 否

兴趣类型 8

1. 你想设计一种新的发型或服装吗? 是 否
2. 你喜欢创作画吗? 是 否
3. 你尝试着写过小说或编剧吗? 是 否
4. 你很想参加学校宣传队或演出小组吗? 是 否
5. 你爱用新方法、新途径来解决问题吗? 是 否

兴趣类型 9

1. 你喜欢操作机器吗? 是 否

2. 你羡慕机械类工程师的工作吗？ 是 否

3. 你了解机器的构造和工作性能吗？ 是 否

4. 你喜欢交通驾驶一类的工作吗？ 是 否

5. 你喜欢参观和研究新的机器设备吗？ 是 否

兴趣类型10

1. 你喜欢从事具体的工作吗？ 是 否

2. 你喜欢做很快就看到产品的工作吗？ 是 否

3. 你喜欢做让别人看到效果的工作吗？ 是 否

4. 你喜欢做那种时间短，但可以做得很好的工作吗？ 是 否

5. 你喜欢做有形的事情吗？ 是 否

兴趣与对应的职业

兴趣类型1——愿与事物打交道

这类人喜欢与事物打交道(比如工具、器具、数字)，而不喜欢从事与人和动物打交道的职业。相应职业有：制图员、修理工、裁缝、木匠、建筑工、出纳员、记账员、会计等。

兴趣类型2——愿与人接触

这类人喜欢与他人接触的工作，他们喜欢销售、采访、传递信息一类的活动。相应的职业有：记者、营业员、服务员、推销员等。

兴趣类型3——愿干有规律的工作

这类人喜欢常规的、有规律的活动，在预先安排的条件下做细致的工作。相应的职业有：邮件分拣员、图书管理员、办公室职员、档案管理员、打字员、统计员等。

兴趣类型4——愿从事社会福利和助人的工作

这类人乐意帮助别人，试图改善他人的状况，喜欢直接与人接触。相应的职业有：医生、律师、护士、咨询人员等。

兴趣类型5——愿做领导和组织工作

这类人喜欢管理工作，爱掌控一些事情，他们在企事业单位中起着重要的作用。相应的职业有：辅导员、行政人员、管理人员等。

兴趣类型6——愿做研究人的工作

这类人喜欢谈论涉及人的主体，他们爱研究人的行为举止和心理活动。相应的专业有：心理学、政治学、人类学等。

兴趣类型7——愿从事科学技术事业

这类人喜欢分析的、推理的、测试的活动，长于理论分析，喜欢独立解决问题，也喜欢通过实验获得新发现。相应的专业有：生物、化学、工程学、物理学等。

兴趣类型8——愿从事抽象性和创造性的工作

这类人喜欢需要想象力和创造力的工作，爱创造新的式样和概念。相应的职业有：演员、创作人员、设计人员、画家等。

兴趣类型9——愿做操作机器的技术工作

这类人喜欢运用一定的技术，操作各种机械，制造产品或完成其他任务。相应的职业有：机床工、驾驶员、飞行员等。

兴趣类型10——愿从事具体的工作

这类人喜欢制作看得见、摸得着的产品，希望很快看到自己的劳动成果，他们从完成的产品中得到自我满足。相应的职业有：厨师、园林工、理发师、美容师、室内装饰工、农民、工人等。

至此，你对自己的职业兴趣应该有个大致的了解了吧。一个理想的职业是最符合你的个性，最能发挥你的潜能、最使你感兴趣的职业，当然这几者并不总是一致的。那么，就应该尽力去寻找它们的契合点，在充分考虑这几种因素的前提下，找到你的最佳职业兴趣。你现在是不是明白了自己的职业方向?

六、兴趣与职业相匹配

职业兴趣可按工作需求分为四大类。

第一，出于社会和行为的需要去确定自己的职业，并为此努力，使自己趋近于职业需要。

第二，完全从自己的兴趣出发，将自己的兴趣发挥到极致，以超越他人。

第三，做自己最容易成功的事，虽然未必快乐，但可以让自己过上幸福的生活。

第四，相信自己的知觉、信奉天意，顺其自然。

前三类人都是了解自己的兴趣并付出努力的人，这样的人基本上在职业生活中是快乐的。每个人都希望做自己喜欢的工作。然而，在现实生活中，兴趣与职业常常存在矛盾。一个人选择职业，往往由多种因素促成。人们考虑得最多的往往是职业的地位和报酬，兴趣反而在其次了。从事与个人兴趣不符的职业的现象经常发生。

面对兴趣与职业的矛盾，最好的态度是对自己有一个客观的分析。如果没有很大的把握，则不可盲目改行，而应立足现有岗位，挖掘自身潜能，通过良好的工作业绩激发自己的工作兴趣，从而实现兴趣与职业的有机统一。如果经过这些努力后，依然不能很好地适应工作，可以另谋出路。

第三节 职业认知与职业价值观

劳动使一个人的道德变得高尚，使他习惯于小心地对待劳动的工具、器械和产品，重视书籍及其他精神文化和物质文化的物品，尊重任何一种职业的劳动者，仇视那些寄生虫、剥削者、二流子、怯懦者和懒汉。

——凯洛夫

故事分享

家明的困惑

家明已经上中职三年级了，在考虑找工作的问题。他看到自己的表哥在一家外企工作，表面上风光无限，其实累得要命，加班到凌晨两点是常有的事。

他很疑惑：是否一定要找一份收入很高但很累的工作来满足自己的虚荣心。

问题：

请拿出一张白纸，在纸上写上“我希望的工作……”请在一分钟内尽可能地写下你头脑中所联想到的任何短语。例：收入要好，社会地位高，环境好，不要太累，具有挑战性，氛围和谐等。

一、职业认知的概念

职业认知是指人在生活、学习、交往中形成的对某种具体职业的认识和评价，是一种主动或被动认识职业的过程或活动。

职业认知对人的一生非常重要。它是人们进入社会从事具体工作的基础，也是人们认识社会的最基本渠道。人们在进入社会从事具体职业之前，会想方设法对即将从事的职业做一番了解，以便在心理上、知识储备上做好准备。这是人普遍存在的一种寻求安全的心理。如果一个人贸然进入一个完全陌生的领域，会在心理上产生不安全感，会感到无依无助，茫然不知所措。

二、职业认知的原因

职业认知是职业教育阶段的一项重要任务，中职生越早开始职业探索受益就越大。那么，中职生为什么要进行职业认知？

第一，社会职业的广泛性。

据最新统计，我国目前有1864种职业，这么多职业，自己到底想做什么职业、适合什么职业，这是不能仅仅依据自己学习的专业来确定的，应该进行实际探索，以便找到适合自身的职业。

第二，人生的有限性。

人的时间、精力是有限的，我们不可能为确定自己喜欢什么职业而去对所有的职业进行体验式实践。此外，我们中很多人的职业生涯的开始大多是仓促的，即在没有准备工作时就不得不工作了。中职阶段的时间是相对自由的，而且也是步入社会前的一个集中学习阶段，花上一定的时间了解职业、探索职业，为日后择业和就业做准备也是值得的。

第三，职业认知的可能性。

很多职业都是可以通过理论分析了解的，不必每个职业都要亲身实践，这也是间接经验的好处。虽然职业认知更多地是通过理论探索了解职业世界，但仍有必要做调研和职业体验以保证理论分析的准确性。

第四，规划学业的有效性。

中职学校的生活怎么过？这个问题困扰着许多学生。很多学生因为没有目标才导致了对未来的迷茫。而对职业认知后就有可能发现自己喜欢的职业，但自己的能力、素质与职业的要求一定是有差距的。当你把弥补差距作为努力的目标时，你就有了努力的内在动力，也就可以有效地规划自己的学业了。

三、职业认知的内容与方法

1. 职业认知的内容

第一，中职生可以针对自己的人生榜样进行探索。如果你还记得儿时的梦，如果你现在还有一个喜欢和敬仰的人，那么你就可以对自己的偶像进行一次调查。

第二，要针对自己所学的专业(或者喜欢的其他专业)进行探索。专业认知的目的是明确学习的方向和动力。如果在中职期间进行专业和职业认知，找到自己喜欢的专业和职业，就可以让自己少走很多弯路。

第三，对行业进行探索。行业是社会的分工，行业是工作的大方向，360行就是这个道理，专注在哪个行业发展，对每个人的职业发展和取得的成绩都会有很大影响。

第四，对具体的一类职业进行探索。职业、职位就是你的能力体现和工作专长，能达到什么位置和程度全在于你能做什么。因此，了解职业、职位就能帮助自己进一步明确定位，明确努力的具体方向。

第五，对企业进行探索。企业是你工作的平台，如果某个企业同意雇用你，同意和你签约，那么了解这家企业也是很重要的。

专业、行业、企业和职业(岗位)四个方面是息息相关的，都是影响中职生就业的核心因素。专业和学业是相辅相成的，专业学不好就会影响日后的工作，而工作又取决于行业、企业和职业三者。

2. 职业认知的方法

职业认知的方法有很多种，可以根据自己的实际情况选择适合自己的方法。简单来说，个人进行职业探索通常采取查阅、参观、访谈、讨论、实习等方法。

(1)查阅是对个人希望了解的职业方向，通过网络、书籍、期刊及有关音像资料进行初步查阅；选定各种典型职业，进一步对其入门所需的基本条件如学历、资格证书、身体条件等进行查阅；通过查阅，使自己对做好职业工作所需要的知识、技能、生理条件及个性特征有一个初步的认识，对该职业的生存环境、发展前途以及个人循此发展可能取得的职业成就等形成初步印象。其优点为方便、快捷、信息量大、成本低。但同时存在的不足是信息是间接的、隔离的，可能与现实感受有差距。

(2)参观是到相关职业现场短时间的观察、了解。通过参观，可以了解相应工作的性质、内容，职业环境及氛围，获得实实在在的职业感受。但无法对职业的实质进行深入了解，易被其营造的氛围所迷惑。

(3)访谈是通过和相关的从业人员，特别是成功的人或失败的人交流，了解相关职业的知识、技能需求、待遇和发展前景。它的好处是结果比较客观，对工作的要求也比较客观。但是由于访谈对象的不同，结果可能差异很大，有的人对职业比较积极，赞誉较多；有的人对职业比较消极，可能评价较低。

(4)讨论意味着与别人分享对职业的探索结果。个人对职业的探索总有局限性，与别人一起讨论大家都感兴趣的职业问题，共享职业探索成果，会互相打消一些不现实或前景暗淡的东西，而共同发现一些更好的东西，更多的前进道路。最后是实习，即到职业场所进行一定时间的打工、义务劳动或教学实习、实践。实习是一种比较全面地了解职业的方法。

(5)实习可以更深入、更真实地对职业的工作任务、工作要求、工作环境及个人的适应情况进行了解、判断，可以了解工作的程序、报酬、奖惩、管理及升迁发展的各种信息，还要通过与工作人员的实地接触，感受职业对人的影响。

通过以上的方法，可以大致地了解自己可能从事的职业。下面，将介绍更为系统的方法，帮助你更好地了解自己的职业。

四、价值观与职业价值观

职业价值观是指个人追求的与工作有关的目标，即个人的内在需要及在从事活动时所追求的工作特质或属性。

——舒伯

1. 价值观

价值观是指一个人对周围客观事物(包括人、事、物)的意义、重要性的总体评价和总体看法。价值观通过人们的行为取向及对事物的评价、态度等反映出来，是世界观的核心，是驱动人们行为的内部动力。

价值观是后天形成的，是通过社会化培养起来的。它与社会环境(如电视、互联网等媒体的宣传)、家庭环境(如他人态度的教育)以及求学经验(如所读专业的训练)、交友等都有密切的联系。因此，每个人的价值观不同，为人处世的态度也就不同，还会选择不同的生活和休闲方式，甚至为自己设定不同的生涯目标，采取不同的实现策略。所以价值观对于一个人的职业生涯规划来说，具有高度的影响力。

了解了什么是职业、什么是价值观，接下来更深入地研究职业价值观。

俗话说："人各有志。"这个"志"表现在职业选择上就是职业价值观，它是一种具有明确的目的性、自觉性和坚定性的职业选择的态度和行为，对一个人的职业目标和择业动机起着决定性的作用。

2. 职业价值观

任何人在选择职业时都会受到一定动机的支配，或者在职业生涯中表现出的一种价值取向。

职业价值观是指个人对某项职业的价值判断和对某项职业的态度倾向，即个人对某项职业的希望、愿望和向往。职业价值观表明了一个人通过工作所要追求的理想是什么：是为了财富，还是为了地位或其他因素。

由于个人的身心条件、年龄阅历、教育状况、家庭和环境影响以及兴趣爱好的不同，人们对各种职业的主观评价也不同。不同的人由于价值观不同，因而具体职业和岗位的选择也就不同。如有人喜欢与人打交道的职业，有人喜欢与物打交道的职业，有人喜欢充满挑战的职业，有人喜欢安全平稳的职业等。不同的人喜欢不同的职业，这正是职业价值观的体现。因此，认真分析和了解个人的职业价值观，对正确开展职业生涯规划有重要意义。心理学家把人们形形色色的职业价值观归纳为13种。

一般来讲，绝大多数人的职业价值观不是单一的，往往有很多种。像这种对事物的看法和评价在心目中的主次、轻重的排列次序，就是职业价值观体系。

从实际出发调整自己的职业价值观

13种职业价值观可以分为三类：一是维持并提高物质生活的需要，通过从事职业活动取得报酬，满足衣、食、住、行等方面的要求；二是满足精神生活的需要，实现人生价值特别是发展个性的需要，在物质生活水平大大提高的今天，人们的这种需要显得愈发突出；三是承担社会责任的需要，也就是通过从事职业活动，履行自己在社会分工中应尽的义务，为国家和人民多作贡献。

在选择职业时不能只看重职业本身的价值，还应看到职业对社会的创造和奉献。人不能离开社会而独立存在，个人只有在工作中为社会作贡献才能实现自己的职业价值，事业首先是具有社会性的。我们都知道鲁迅先生曾经弃医从文，他为的是唤起沉睡中的中国民众，使中华民族觉醒。人们在选择职业时，在这种高尚的价值观的驱动下，就能克服困难，就容易获得巨大的成功，只有这样才能为社会作出杰出的贡献，才能为世人所尊敬。

当然，这并不是说要忽略择业中的个人因素，只去尽社会责任。这样不但不利于个人，也是社会的损失。我们反对的是只为个人考虑的职业价值观，即处处以自我为中心，只顾及自我感受、自我发展、自我实现，毫不考虑国家和社会的需要。事实上这样做，个人也不会得到很好的发展。在择业时，我们要首先考虑社会需要，必须负起对社会的责任，以此为前提，综合个人的因素进行选择。

3. 职业价值观自测量表

价值观是一种基本理念，它带有判断的色彩，代表了一个人对于什么是好、什么是对，以及什么会令人喜欢的意见。

每一个求职者由于所受教育的不同和所处环境的差异，在职业取向上的目标和要求也是不相同的。在许多场合，我们往往要在一些得失中作出选择，而左右我们选择的，往往就是我们的职业价值观。例如，是要工作舒适轻松，还是要高标准的工资待遇，要成就一番事业，还是要安稳太平。当两者有矛盾冲突时，最终影响我们决策的是存在于内心的职业价值观，而我们自己有时对于内心的职业价值观并不是很清楚。通过本测试，就可以大致了解自己的职业价值观和倾向，从而为自己选择理想的职业提供信息。

本测试采用问卷形式，让受试者评定对代表不同价值追求的多种活动的好恶情况，依据受试者的好恶程度来确定其主导的职业价值观类型。

本测试将人的职业价值观分为 13 种类型，各类型的基本含义如下表所示。

项目	价值观	工作的目的和价值
1	利他主义	总是为他人着想，把直接为大众的幸福和利益尽一份力作为自己的追求
2	追求美感	能不断地追求美的东西，得到美感的享受
3	智力激发	不断进行智力开发、动脑思考、学习和探索新事物，解决问题
4	成就动机	不断创新，不断取得成就，不断得到领导和同事的赞扬或不断实现自己想要做的事
5	自主独立	能够充分发挥自己的独立性和主动性，按自己的方式、想法去做，不受他人干扰
6	声望地位	所从事的工作在人们的心目中有较高的社会地位，从而使自己得到他人的重视和尊敬
7	权力支配	获得对他人或某事的管理权，能指挥和调遣一定范围内的人或事物
8	经济报酬	获得优厚的报酬，使自己有足够的财力去获得自己想要的东西，使生活过得较为富足

（续）

项目	价值观	工作的目的和价值
9	社会交际	能和各种人交往，建立比较广泛的社会联系和关系，甚至能和知名人物结识
10	安全感	希望不管自己能力怎样，在工作中要有一个安稳的局面，不会因为奖金、薪酬变动、调动工作或领导训斥等而经常提心吊胆、心烦意乱
11	轻松舒适	希望将工作作为一种消遣、休息或享受的形式，追求比较舒适、轻松、自由、优越的工作条件和环境
12	人际关系	希望一起工作的大多数同事和领导人品好，相处在一起感到愉快、自然
13	追求新异	希望工作的内容经常变换，使工作和生活显得丰富多彩，不单调枯燥

以上我们了解了什么是职业价值观，也初步了解了职业价值观的类型，那么如何才能提升职业能力呢?

合作探究

拓展训练1

爱的传递

这一项目对应的相关价值观是自尊和自立、关怀和分享、服务。

1. 学习目标 认可自己很优秀，并且学会用爱传递关怀、真心赞美他人。有信心、有能力应对生活中的各种需求和挑战。

2. 场地 教室或操场

3. 程序/学习活动

(1)教师组织全体学生(以20～40人为宜)围成一个圆圈，面朝圆心，学生将凳子放在自己的前面用作写字台，学生席地而坐。在圆心位置放一个约30cm高的、可站立一个人的桌子。

(2)教师讲述关于爱的伟大故事，激起大家强烈的爱心。

(3)教师告诉大家：中间的桌子是一个荣誉台，并请一位同学走上荣誉台，其他的同学在一张小纸片上用赞美的语言写出他三个以上的真实优点，把爱传递给他。

(4)教师从大家的手中接过传递爱的小纸片，将小纸片收齐整理好后庄重地传递给受赞美的人，并对他轻声说一句赞美的话。

(5)教师请该同学回到座位，以后按顺序请每一位同学走上荣誉台，使每一位学生都得到赞美，沐浴在大家传递的爱中。

(6)待整个赞美过程完成后，教师请大家各自查看自己得到的小纸片。

(7)休息一会儿后，分团队进行分享和交流。

【分析】

本项目整个过程始终在营造一个富有吸引力的学习氛围，每个人都享受了赞美、爱与被爱的幸福过程，感受了爱的伟大力量；同时发现了自己众多未知的优点，找到了自己最可贵的价值，使自己对生活充满了自信；还促进了同学之间的关系，增进了友谊；从此，同学们学会了把爱传递给他人。该项目在同学们互相了解的基础上实施，相互了解越深，其效果越好。

拓展训练 2

职业价值观拍卖会

请先阅读以下的拍卖规则：

1. 每个人有 50 万生命单位筹码，每个价值单位底价为 1 万，每次出价不得低于 1 万，最高价者得标。

2. 请先思考哪些价值观是你想买的，并写下你愿意付出的生命单位。

3. 不用每个都出价，可以依据自己的喜好，慎重决定是否参与竞标。

4. 每人最多只能拍下 5 个价值观。

选择你的职业价值观

◇ 成为名人，让大家崇拜(名气)

◇ 能欣赏各种音乐、绘画等(艺术)

◇ 各科成绩都满分(学业)

◇ 健康的活一百岁(健康)

◇ 无拘无束地做想做的事(自由)

◇ 有好身材、帅气潇洒(靓丽、英俊)

◇ 做世界最聪明的人(智能)

◇ 家庭气氛和睦，幸福美满(家庭)

◇ 能真诚对待别人(诚实)

◇ 对生活充满信心（自信）

◇ 成为世界上的大富翁(财富)

◇ 发挥自己管理别人的能力(权力)

◇ 拥有知心朋友(友谊)

【启示】

在这次职业拍卖会中可以看到同学们的不同价值观，但同学们在选择职业时，要认识到哪些是相对重要的价值观，要树立正确的价值观。我们要学会选择，选择真正属于自己的价值观。学会抓住机会，一旦锁定了目标就要紧紧抓住，不要轻易放过。

五、如何提升职业能力

具备相应的职业能力，有利于提高自身的生活质量，有利于增强自身的竞争力，有利于实现自身的人生价值。那么如何提升职业能力呢?

在校学习期间，我们应结合自己的专业和实际，有意识、有计划地不断提升自己的职业能力，形成特长。

1. 强化技能操作，夯实专业实践能力

中职生在激烈的就业竞争中要努力提高专业实践能力。如何提高专业操作技能水平呢？欧阳修在《卖油翁》中写道：“我亦无他，惟手熟尔。”这同样适用于我们，无论是车工、钳工还是平面设计、文字速录等操作技能，都要求我们反复练习，长期坚持，遵循“从易到难、从简到繁”的原则，从而达到“熟能生巧、巧能生精”的目标。当今社会分工越来越细，要求不断提高自身的专业化水平，使自己有一手“绝活”，让用人单位对自己另眼相看。

故事分享

刻苦训练　终能成功

小康是学校计算机专业的学生，一次偶然的机会她看到“速录师就业前景看好”的报道，便专心致志地加强自己的文字录入练习，每次坚持文字录入两个小时，她的五笔录入速度不断加快，由最初的每分钟十几个字增加到几十个字，然后不断攀升，达到了每分钟100个字，后来她报名参加了专门的速录师培训班学习，达到了每分钟录入240个字的速度。2009年夏天，她被一家速录公司以底薪1 500元，外加每场速录收入提成20%的高薪聘用，让其他同学羡慕不已。当学弟学妹们询问其成功秘诀时，小康平静地回答道：“只要你能坚持反复练习，你就能成功。”

2. 参加社会实践，提高自己的社会能力

社会是一个五光十色、光怪陆离的舞台，职业世界是一个五彩纷呈、变化多端的天地。在校学习的我们，处于相对封闭的小天地，需要通过社会实践、见习、学习、参观、考察和访谈等途径，接触社会，了解社会，增加对于专业、职业、就业、创业和事业的了解，锻炼和积淀从事职业活动所需要的人际交往能力、公关意识、职业道德意识、环境意识，提高社会能力。

故事分享

糖酒交易会让小雨大开眼界

在全国糖酒交易会期间，酒店管理专业的小雨来到某大酒店餐饮部见习。由于客源丰富，酒店人力资源有限，小雨被当作正式员工一样使用，每天负责宴会接待工作。缺乏服务经验的小雨刚开始一点都不适应，繁重的接待任务和专业实践能力的不足让她猝不及防，摆台、上菜、分菜、托盘、斟酒等速度都不如老员工，还会出现失误，客人的批评让她掉了好几次眼泪。在老员工的鼓励和帮助下，小雨顽强坚持着，并不断地改善着自己的服务质量，提高着自己的服务技能，她的餐巾折花速度、斟酒手法、托盘的臂力都在这段时间突飞猛进，如何接待不同类型的客人，如何与老员工相处，如何向老员工们学习，这些非书本上的内容也慢慢地悟出来了。日子一天天过去，小雨感觉越来越轻松，服务也越来越得心应手。

一个月过去了，小雨的见习期结束了，全国糖酒交易会也结束了。回到学校的小雨，专业实践能力和社会能力大幅度提高了，对书本上的专业知识和技能有了更深的认识，她一跃而成为全校酒店管理专业的尖子。

小雨在全国糖酒交易会期间参加见习，既提高了自己的专业实践能力，也提升了自己的社会能力，为自己就业奠定了坚实的基础。我们要像小雨一样充分利用这些接触实践的机会，将自己所学的专业知识、所掌握的专业技能与实践紧密地结合起来，检验自己在校学习的专业知识是否适用、能否够用，所掌握的专业技能是否满足工作岗位的需要。同时，在实践中要学习人际沟通与合作的方法，处理好各种关系，做到诚恳待人、尊重他人、严于律己。一般来说，作为中职生的我们，拥有的社会实践机会大致有：校内劳动实践、行业企业调查与见习、综合学习等。

3. 学会学习，主动提高学习能力

方法能力是职业能力的基础，是从事职业活动所需要的工作方法和学习方法，包括制订工作计划的步骤、解决实际问题的思路、独立学习新技术的方法、评估工作结果的方式等。当今社会，知识更新速度加快，“一次学习，终身够用”的时代一去不复返了。我们中职生，本来求学时间有限，知识、技能等储备相对较少，面对风云变幻的职业生活，唯有不断学习，与时俱进，才能不被淘汰。

这是一个信息爆炸的时代，新理念、新思想、新观点、新方法层出不穷，思维、技术、工艺、规则日新月异，作为中职生的我们，必须不断学习，努力提高自己的方法能力，才能适应社会发展的需求。

应知应会

(一)填空题

1. 个性是指一个人在其生活、________中经常表现出来的、比较________、带有一定倾向性的________特征的总和，即一个人区别于其他人的独特的精神面貌和心理特征。

2. 人的个性差异主要表现为：________、________和性格差异。

3. 个性的特征________、________、________。

4. 个性的类型________、________、________、________。

5. ________是个体力求认识、掌握某种事物，并经常参与该种活动的心理倾向。

6. 人的兴趣具有________、广阔性、________等品质。

7. ________是指人们在社会中所从事的有________、合法收入的活动，既是人们为社会作贡献、实现人生价值的舞台，也是人们谋生的________。

8. ________是指一个人对周围的客观事物(包括人、事、物)的意义、重要性的________和总体看法。

9. ________是职业能力的基础，是从事________所需要的工作方法和学习方法，包括制订________的步骤、解决实际问题的思路、独立学习新技术的方法、评估工作结果的方式等。

10. ________是个人魅力的基础，其他一切吸引人的长处均来源于此。

(二)简答题

1. 简述兴趣的作用?

2. 中职生如何巩固和培养自己的兴趣?

3. 什么是职业认知？什么是职业价值观?

4. 对于每个从业者而言，中职生的职业意义主要包括哪几个方面？结合自己的实际情况加以说明。

5. 中职生如何提升职业能力？结合自己的实际加以说明。

(三)论述题

1. 试述活泼型、表达型的特征以及中职生在与人交往中应注意的沟通技巧。

2. 自己的兴趣与所从事的职业发生冲突时，你该怎么解决？

3. 中职生如何确立自己的职业价值观？

第三章

文化学习与专业准备

学习导航

- 了解中职文化基础课的重要性
- 了解学习专业课程的重要作用和意义
- 了解专业课程及其基本内容和要求
- 掌握学习专业课程的基本方法
- 了解综合素质及其构成
- 领会综合素质在职业生涯发展中的重要作用
- 掌握提高综合素质的途径与方法

当今社会对人才的要求已提升到对人才自身的本质需求，必须有真才实学、有扎实的专业知识与技能以及良好的专业素养。俗话说得好：机会总是留给有准备的人。只有学好专业知识，培养能力，做到未雨绸缪，才能成功！美国未来学家托夫勒有句名言：“未来的文盲不再是不识字的人，而是不会学习的人。”本章将引领同学们进行文化学习与专业准备。那么要怎样做到呢？请同学们思考以下问题：

——“为什么要学习？”

——“怎样才能学好专业知识?”

——“如何在学习的过程中提升素质?”

“为什么要学习?”怎样才能提高本专业的学习效率，如何设计自己的学习方案？这些问题都是一个想让自己的人生变得精彩而有意义的中职生必须思考和回答的。成功一定有办法，失败一定有原因。找出其中的方法和原因，为我所用，可以让你减少摸索的时间，少走许多弯路。

故事分享

还未毕业已就业的中职生

高扬是一名职业高中二年级的学生，经历了中考后，他选择了职业高中进行专业学习。他没有因为他人的冷嘲热讽而改变自己的初衷，坚信自己的路要靠自己来走。进校之后，在老师的指导下，认真地分析自己学习上的优势与不足，制订了一份有效的学习计划，明确了自己的奋斗目标，并一步一步踏踏实实地向目标靠近。就这样，他没有因没有考上普通高中而悲观失望，也没有得过且过、自暴自弃，而是积极、乐观地面对生活。这样，一个学期下来，他的成绩在年级中名列前茅。他更加自信地冲向下一个目标。同时，他还报读了同专业的广播电视大学的专科。这样，他在职高毕业时，大学专科也同时毕业。

就在高扬即将结束自己的教学实习回到学校的时候，实习单位的领导因他平时在工作中表现出来的扎实的文化基本功、出众的专业技能，踏踏实实的办事作风，不仅为他的实习鉴定评了优，还邀请高扬毕业后，正式到单位上班。就这样，高扬还未毕业就已经被用人单位预订。

高扬的故事告诉我们，无论我们处在何种境地，都不应怨天尤人、自我放弃，而应努力学习专业知识并制订合理的学习计划，主动面对生活，奋斗进取。

第一节　学好中职文化基础课

倾己所有追求知识，没有人能夺走它；向知识投资，收益最佳。

——富兰克林

如果把学生的热情激发出来，那么学校所规定的功课就会被当作一种礼物来接受。

——爱因斯坦

英国作家、教育家、心理学家托尼·布赞指出："你的大脑就像一个沉睡的巨人。"一个正常人的大脑记忆容量相当于6亿本书的知识总量，相当于一台大型电脑存储量的120万倍。如果我们迫使大脑开足1/4马力，我们就会毫不费力地学会50种语言，把整个百科全书从头到尾背下来，还可以获得几十所大学的博士学位。你是最棒的！你是造物主独一无二的奇迹。你的大脑是一台超级电脑，它蕴藏着惊人的潜能。只要发挥潜力，任何一个平凡的人都可以成就一番不平凡的事业。相信自己吧，只要自己努力，把握适度原则，人人都能成功！

不同的职业对从业人员有着不同的知识要求。同样，不同的专业也有着不同的知识结构。

从总体上看，中职生的知识结构应包含五个层次：公共基础知识、专业基础理论和专业理论、文化科学技术前沿知识、必要的跨学科知识、经济管理知识。对中职生来说，掌握本专业必需的公共基础知识是必不可少的，因为它是掌握专业基础知识和专业理论的基础，也是进一步在本专业有所创造、有所前进的出发点。

一、了解中职文化基础课的学习现状

中职学校的校园文化课程是直接影响中职生成长的环境因素，是中等职业教育体系中的一个十分重要的环节。中职学校的校园文化课程建设，既有共性也有个性。由于中职学校在教育目的、办学理念和培养模式等方面的特殊性，因此在校园文化建设方面也应当有自己的特色。那么，中职学校校园文化课程的特色究竟是什么？这个问题目前尚无明确的答案，这也是本文需要探索的课题。

1. 填写下面的调查表。

每位学生将调查到的本专业开设的全部文化基础课程(含正在学习和将要学习的)填入下表“科目”栏，并完成表格其他栏目的填写。

科目	你认为学习这门学科的目的	你认为这门学科对专业学习及职业发展的影响程度	你现在所持有的学习态度	你现在投入学习的时间和精力
语文		极有作用(　　) 一般(　　) 老师要求(　　) 没作用(　　)	喜欢(　　) 说不出来(　　) 一般(　　) 厌恶(　　)	多(　　) 一般(　　) 很少(　　) 几乎没有(　　)
数学		极有作用(　　) 一般(　　) 老师要求(　　) 没作用(　　)	喜欢(　　) 说不出来(　　) 一般(　　) 厌恶(　　)	多(　　) 一般(　　) 很少(　　) 几乎没有(　　)
英语		极有作用(　　) 一般(　　) 老师要求(　　) 没作用(　　)	喜欢(　　) 说不出来(　　) 一般(　　) 厌恶(　　)	多(　　) 一般(　　) 很少(　　) 几乎没有(　　)
德育		极有作用(　　) 一般(　　) 老师要求(　　) 没作用(　　)	喜欢(　　) 说不出来(　　) 一般(　　) 厌恶(　　)	多(　　) 一般(　　) 很少(　　) 几乎没有(　　)
体育与健康		极有作用(　　) 一般(　　) 老师要求(　　) 没作用(　　)	喜欢(　　) 说不出来(　　) 一般(　　) 厌恶(　　)	多(　　) 一般(　　) 很少(　　) 几乎没有(　　)

续表

科目	你认为学习这门学科的目的	你认为这门学科对专业学习及职业发展的影响程度	你现在所持有的学习态度	你现在投入学习的时间和精力
计算机应用基础		极有作用（ ） 一般（ ） 老师要求（ ） 没作用（ ）	喜欢（ ） 说不出来（ ） 一般（ ） 厌恶（ ）	多（ ） 一般（ ） 很少（ ） 几乎没有（ ）
		极有作用（ ） 一般（ ） 老师要求（ ） 没作用（ ）	喜欢（ ） 说不出来（ ） 一般（ ） 厌恶（ ）	多（ ） 一般（ ） 很少（ ） 几乎没有（ ）
		极有作用（ ） 一般（ ） 老师要求（ ） 没作用（ ）	喜欢（ ） 说不出来（ ） 一般（ ） 厌恶（ ）	多（ ） 一般（ ） 很少（ ） 几乎没有（ ）
		极有作用（ ） 一般（ ） 老师要求（ ） 没作用（ ）	喜欢（ ） 说不出来（ ） 一般（ ） 厌恶（ ）	多（ ） 一般（ ） 很少（ ） 几乎没有（ ）
		极有作用（ ） 一般（ ） 老师要求（ ） 没作用（ ）	喜欢（ ） 说不出来（ ） 一般（ ） 厌恶（ ）	多（ ） 一般（ ） 很少（ ） 几乎没有（ ）

2. 小组交流。

每小组确定组长、记录员后，由组长组织对本组成员填写情况进行统计，记录员做好记录。

3. 全班交流。

每小组推荐一名代表对本组统计情况进行汇报、交流，确定一名记录员做好记录。

4. 教师引导。

职业教育不是培养仅有一技之长的“五匠人才”(石匠、泥匠、木匠、漆匠、瓦匠)，而是培养经济建设与社会发展第一线的技术人才和管理人才。它既有别于短期培训，更有别于“师傅带徒弟”。它培养的是完整的人，能顺应时代发展的人。因此，学好文化基础课对中职学生而言至关重要。

二、了解学习中职文化基础课的重要性

随着我国职业教育的发展，课程建设对中等职业学校人才培养的重要性日益显现。

许多专家、学者和身处教育一线的经验丰富的职校教师都在积极探索、尝试各种符合当今中国职业教育规律的课程模式，以多元整合课型理论为依据进行课程开发与改革，努力突出职业教育课程建设特色，即以劳动力市场需求、职业现实需求和学生未来需求为基础。

1. 阅读与思考。

故事分享

当真是运气好吗

现年35岁的北京市民王琳，与大多数中职生的人生路一样，中职毕业后参军入伍，退伍后进入北京出租车公司当一名出租车司机。奥运会筹备期间，北京市政府对像王琳这样的“的哥”进行了高强度的英语、礼仪培训。经历了北京奥运会后，他的素质提高很大。一个偶然的机会，他的战友因他会涉外礼仪、会讲英语，邀请他到澳大利亚自己的公司去发展。这在以前，是王琳想都不敢想的事情。他因为会英语、懂礼仪的优势，一到澳大利亚，很快就适应了新的生活与工作环境。现在的王琳，已经成为当地旅游公司的一名出色导游。他儿子到澳大利亚留学的手续也快办完了。他在改变自己命运的同时，也改变了儿子的命运。

怎样做才能既省料又增大修建面积

数学家欧拉小时候，羊群是他家的主要生活来源，欧拉则是牧童。当家里的羊群不断增多而达到近百只的时候，父亲决定扩大羊圈。他计划建

造一个长方形新羊圈，长 40 m，宽 15 m，面积正好 600 m^2。需要 110 m 的材料，但家里只有 100 m 材料，于是父亲打算缩小羊圈的面积，以使 100 m 材料刚好够用。这时候，欧拉告诉父亲，只要改变羊圈拴脚的位置，就只需 100 m 的材料，建筑面积还会增加到 625 m^2 呢！

这时候的欧拉，还只是个 10 岁的小孩，还没有学习建筑学方面的知识，他却帮助工人们解决了这一难题，又替家里节省了开支。

案例中王琳的机会为什么会在他会英语、懂礼仪，经北京奥运会的磨炼后到来？这仅仅是他的运气好吗？

案例中应该怎样做才能既节省原料又增大面积呢？请将你的设计填入下表。

长(m)	宽(m)	周长(m)	面积(m^2)

从案例中你受到了什么启发？

中职毕业生求职时主要靠技能。学校在教学课时安排上，文化基础课似乎由以前的“主科”变成了“副科”。请结合本专业的实际，谈一谈：还有没有学好文化基础课的必要？为什么？

---

2. 小组讨论。

每小组确定组长、记录员后，由组长组织本组同学针对上述问题进行讨论，记录员做好记录。

3. 全班交流。

每小组推荐一名代表在全班做交流发言，前面小组讲到的后面小组不重复讲。

4. 教师点评、总结。

三、探究学好中职文化基础课的方法

1. 确立学习目标，制订学习计划

第一，阅读教案。

故事分享

新生活是从选定方向开始的

在非洲撒哈拉沙漠中有一个叫比塞尔的村庄，它在一块1.5平方千米的绿洲旁，从这里走出沙漠一般需要三昼夜。可是，在肯·莱文于1926年发现它之前，这里的人没有一个走出过大沙漠。为什么世世代代的比塞尔人始终走不出那片沙漠呢？原来比塞尔人一直不认识北斗星，在茫茫大沙漠中，他们只能凭感觉向前走。然而，在一望无际的沙漠中，一个人若是没有固定的方向指引，会走出许多大小不一的圆圈，最终回到他起步的地方。

但是，自从肯·莱文发现这个村庄之后，他便把识别北斗星的方法教给了当地的居民，比塞尔人也相继走出了他们世代相困的沙漠。如今的比塞尔已经成为一个旅游胜地，每一个到达比塞尔的人都会发现一座纪念碑，碑上刻着一行醒目的大字："新生活是从选定方向开始的。"

问题：

这个故事说明了什么道理？

结合自身实际，像上一案例一样为自己拟订一份文化基础课学习方向、目标计划书。
学习方向、目标

第二，小组交流。每小组确定组长、记录员后，由组长组织本组同学交流学习计划。

第三，全班交流。每小组推荐一名代表在全班做交流发言。

第四，教师点评、总结。

第五，学生完善自己的学习计划。

2. 树立学习信心与恒心

第一，阅读与思考。

故事分享

从口吃到演讲冠军

有一位男生，由于先天口吃，经常成为同学们的笑柄，从小到大因怕被取笑而不敢与人说话。这种状况一直伴随他进入大学。他认为不能再这样逃避下去了，必须改变自己口吃的毛病，于是给自己制订了一个近乎疯狂的计划。他每天中午利用教室里人最多的时候，跑到各个教室里去演讲。第一次，他因激动说不出一句完整的句子。没有人理他，抬头看他的人都把他当成怪物。但他毫不气馁，天天坚持。终于，他能说出一句完整的句子而不再结巴，终于有陌生的学子对他的勇气报以掌声与鼓励。他终于讲遍了学校所有的教室，但他并没有就此停止，而是让自己讲遍了全市所有学校的教室。这是普通学生也难以做到的。那么，现在的他是什么样子呢？他不仅能流利地与人交流，而且还在最近一次学校举行的演讲比赛中获得了一等奖。

问题：

从口吃患者到演讲比赛一等奖，最让你受启发的是什么？

现在，你对自认为“枯燥乏味”且“难学”的文化基础课有信心学好吗？为什么？

第二，小组交流。

每小组确定组长、记录员后，由组长组织本组同学讨论上述问题。

第三，全班交流。

每小组推荐一名代表在全班做交流发言，前面小组讲到的后面小组不重复讲。

第四，教师点评、总结。

3. 探讨学习方法

第一，阅读与思考。

故事分享

浩洋的进步

浩洋是某中职学校物业管理专业的学生，他为人谦逊、乐于助人，而且非常爱学习。浩洋的父母都是普通工人，工作非常辛苦，父母希望他能好好读书，努力学习，对他寄予了极大的期望。浩洋是个懂事的孩子，他明白父母的苦心，也希望通过自己的努力在学习上取得优异的成绩。所以他学习非常刻苦，上课认真听讲，积极思考，晚上回家也学习到很晚。每天把自己的时间表排得满满的。在他的时间表中没有休息的时间。当其他同学在娱乐的时候，他都在认真地看书，特别是当考试来临的时候，他更是利用晚上时间开夜车，做完练习，又做模拟题。虽然如此，可他的考试考核成绩仍不理想，每次都达不到自己的目标。他觉得是自己还不够努力，于是在失望之后就会花费更多的时间来学习，把自己的时间表安排得更加紧张和充实，然而成绩依然没有提高的迹象。由于长时间的休息不够，上课经常打不起精神，成绩迅速下滑。

除此之外，浩洋的实际能力更是落后，很难独立地、顺利地完成一项工作。他曾担任过一个星期的临时班委，尽管他努力去做了，还是没能将一周的班级事务管理妥当。

问题：

浩洋的问题出在哪里？你有类似的问题吗？

____

浩洋应当怎样做才能提高自己的学习成绩和工作能力？

____

____

你有什么好的办法来补上以前落下的文化基础课或学好今后的文化基础课呢？

____

____

第二，小组交流。

每小组确定组长、记录员后，由组长组织本组同学讨论上述问题。

第三，全班交流。

每小组推荐一名代表在全班做交流发言，前面小组讲到的后面小组不重复讲。注意听一听，看哪些学习方法比较适合自己，并把它们记下来。

第四，教师点评、总结。

从案例中我们可以看到，浩洋虽然努力学习，但是往往适得其反。因此，中职生不仅要有文化知识，还要具备敏锐的思维，这会使自己变得更完美。

俗话说得好："思维是地球上最美丽的花朵。"我们在学习和生活中，要勇于打破思维的束缚，让自己的思维活跃起来，成为一个有独特见解的人。

相关链接

钱学森的思维

钱学森是享誉海内外的杰出科学家和我国航天事业的奠基人，他为我国的航天事业做出了不可磨灭的贡献，被誉为"中国航天之父"和"火箭之王"。钱学森参与了我国导弹和第一颗人造卫星的研制，参与了中国第一个星际航空的发展规划。钱学森还在空气动力学、航空工程、喷气推进、工程控制论、物理力学等技术科学领域也作出了创造性贡献。钱学森能够取得这样杰出的成就，不仅在于他具有广博的知识，而且还因为他善于思考，善于融会贯通。钱学森习惯于从整体上考虑问题，能够把相互关联的事物放在一起系统分析。

钱学森曾说："跨度越大，创新程度也越大。"钱学森的这种创新精神使他能够触类旁通，大跨度的思维。此外，钱学森还经常运用多种思维方式，注意捕捉灵感的出现。可以说，是钱学森非凡的思维能力使他取得了辉煌的成就。

第二节　认真学习专业课

知识要比一个伙伴或朋友重要得多，而一旦掌握了它，那它就永远和自己在一起，永远留在自己的思想和记忆里。

——凯马勒·迈拉赫

你不能赤手空拳地开始你的行程，你必须用知识把自己武装起来。

——宋庆龄

没有任何力量比知识更强大，用知识武装起来的人是不可战胜的。

——高尔基

故事分享

还有多远

心理学家曾经做过这样一个实验：心理学家组织三个人，让他们分别向十千米外的三个村子进发。

第一组人既不知道村庄的名字，又不知道路程有多远，只被告知跟着向导走就行了。刚走出两三千米，就开始有人叫苦；走到一半的时候，有人几乎愤怒了，他们抱怨为什么要走这么远，何时才能走到尽头，有人甚至坐在路边不愿走了；越往后走，他们的情绪就越低落。

第二组人知道村庄的名字和路程有多远，但路边没有里程碑，只能凭经验来估计行程的时间和距离。走到一半的时候，大多数人想知道已经走了多远，比较有经验的人说："大概走了一半的路程。"于是，大家又簇拥着继续向前走。当走到全程的3/4的时候，大家的情绪开始低落，觉得疲惫不堪，而路程似乎还很长。当有人说："快到了！快到了！"大家又振作起来，加快了行进的步伐。

第三组人不仅知道村庄的名字、路程，而且知道公路旁每隔1千米就有一块里程碑。人们边走边看里程碑，每缩短 1 000 米大家便有一小阵的快乐。行进中，他们用歌声和笑声来消除疲劳，情绪一直很高涨，所以很快就到达了目的地。

结论：

当人们有了明确目标的时候，并能把自己的行动与目标不断加以对照，进而清楚地知道自己的行动速度与目标之间的距离，人们行动的动机就会得到维持和加强，就会自觉地克服一切困难，努力达到目标。因此，不论选择什么专业，应确立自己的奋斗目标。

如果将心理学家的结论用哲人的语言来表达，那就是“伟大的目标构成伟大的心灵，伟大的目标产生伟大的动力，伟大的目标形成伟大的人物”。

目标是行动的指南，合理的目标能够激发人的动机，规定行为方向。学习目标有近期和远期之分，人们确立远期目标的过程也是理想的形成过程。目标就像我们画圆时的圆心一样，如果这个圆心忽左忽右，忽上忽下，那这个圆肯定不会圆。

古人说得好：“志不立，天下无可成之事。”从入校的第一天起就应该为自己树立一个明确的奋斗目标，然后朝这个目标努力，只有这样，才能促使自己有所作为。职业教育的专业课程定向并兼顾升学的教育，学生未来发展目标也相对明确：毕业后当一名合格的劳动者或进入高等职业技术学院学习。因此，必须树立牢固的专业思想和敬业精神，学好自己的专业，苦练基本功，争取做一名具有良好的职业素质、热爱所学专业、具有求实创新精神，德、智、体全面发展的有一定专业技巧的实用型人才。这应该是每一位中职学校学生都选择的奋斗目标。试想，一个人连自己想要什么都不知道，怎么去奋斗？

学生应该明确自己的学习目标，知道自己需要学什么、学习应达到什么标准以及如何达到这些标准。学习目标要尽可能具体明确，把长远目标分解为具体的、近期的、可以完成的目标。逐步完成任务，学生从中可以体验到自己的学习进步，获得成就感。

一、了解学习专业课的重要作用和意义

第一，阅读案例并分析。

故事分享

李刚和张强在初中是同班同学，二人的成绩相差不大，都属于班上中等偏下的学生，中考时他们都刚过普通高中分数线。几经犹豫，李刚选择了进入职业高中的汽修专业学习。张强则进入一所普通高中。三年后，李刚进了一家汽修厂，经过两三年的汽车维修实践，掌握了技术。与此同时，他还不断学习先进的修车技术，不断改进维修方法。又过了四五年，他开了一家小型汽车维修厂，自己当了老板。而张强呢，因为是勉强上的普高，基础不牢，学习十分吃力，他逐渐失去了信心，三年后毫无悬念地落榜了。由于他一无所长，只好到建筑工地当小工，生活十分艰辛。李刚开了汽修厂后，念及朋友之情，让张强到自己的厂子学技术。但张强没有基础，学起来比较费力。张强不愿给朋友添麻烦，又回到打零工的生活轨道上去了。

潘小东在读初中时就十分迷恋电脑游戏。中考失败后，他进了一所职业学校，他的表兄在这所学校里当老师。选择专业时，表兄建议他选汽修、机电或建筑专业，因为市场上对这几个专业的技术人员需求量较大。但潘小东执意不肯，他要学计算机专业，因为他喜欢电脑——实际上是喜欢电脑游戏。表兄苦口婆心地劝他："你初中时理科不好，学计算机只能学些表皮，大公司不大可能会要你。再说，现在计算机是热门行业，学的人多，那些高学历的找工作都难，更别说你中职生了。"潘小东不听，家人拗不过他，只好由他。上计算机专业课时，潘小东一听理论就傻眼，一上操作课他就偷偷打游戏。毕业时，他基本上没有学到什么东西。用人单位不要他。无奈，他只好找了份网吧管理员的工作。但由于沉迷游戏，顾客来时服务不周到，不久之后就被炒了。父母为了逼他自立，断了他的经济来源。好在潘小东品行不坏，没有走上违法犯罪的道路，痛定思痛后，他进入了一所成人技校，认真学习网络技术，成为一名网络管理员。虽然最终找到了较为理想的工作，但时间已白白地荒废了三年。

讨论：

从案例中你得到什么启示？如果张强初中毕业后到职业学校选择一个专业学习，他的命运可能会发生什么样的改变？

潘小东的案例让你想到了什么？

第二，小组讨论。

每小组确定组长、记录员后，由组长组织本组同学针对上述问题进行讨论，记录员做好记录。

第三，全班交流。

每小组推荐一名代表在全班做交流发言，前面小组讲到的后面小组不重复讲。

第四，教师点评、总结。

第五，收集、分析就业典型人物。

合作探究

如何学习典型人物

第一步，收集就业典型人物。

将课前收集到的成功就业的典型人物记入下表中(尽可能收集本校本专业的)。

姓名	专业	就业单位及时间	成功就业的主要原因

第二步，小组分享。每小组确定组长、记录员后，由组长组织本组同学进行交流分享，记录员做好记录。

第三步，全班交流。每小组推荐一名代表在全班做交流发言，前面小组讲到的后面小组不重复讲。

第四步，教师点评、总结。

第五步，学生思考。

从同学们收集到的就业成功典型人物的就业原因分析中你得到什么启示？

____

____

二、了解专业课及其主要内容

每个专业都有一定的培养目标和就业方向，这是学生职业生涯规划的基本依据之一。

专业在很大程度上决定了一个人的职业方向，选择一个合适的专业，关系着每个学生未来几年甚至一生的发展方向和人生轨迹。一个专业往往对应一个职业群，因而学生应该了解所学专业的培养目标，明确相关岗位对知识、职业技能和职业道德的要求。比如，某学校导游管理专业的培养目标是使学生成为酒店服务员、餐厅服务员、客房服务员等中高级服务人才以及中级管理人才、旅行社导游人才。

1. 初步了解专业课及其主要内容

第一，阅读与思考。

任何职业都离不开专业知识、专业技能和独特的经验。在这个职业化的社会里，一个人是否受到认可，是否得到重用，获得发展，与他的专业知识、专业技能和经验的掌握程度密切相关。在专业课的学习过程中，我们应该注意哪些问题呢？

故事分享

万可是某职业学校建筑专业的学生，在校期间，他不仅为自己制定了总的学习目标，而且每学期都围绕着这个目标并结合学校课程安排，认真学习专业课，每次考试都达到优秀。毕业时，有一家建筑公司来招聘施工员，由于万可专业知识全面，公司满意地录用了他。进入公司后，万可充分利用所学专业知识，认真钻研业务，努力工作，几年后，他升任项目经理。

万可为什么能取得这样的成就？你从中得到哪些启示？

____

____

小赵是机电专业的学生，一说起理论知识，他头头是道。但他动手能力差，被老师批评几次后，思想上背上了包袱。上操作课时，他总是躲在他人的背后，不愿主动操作，害怕失败后被同学嘲笑、被老师批评。由于小赵不主动，所以很少去摸机器。外出实习时，畏首畏尾，也不认真跟师傅学。就这样，小赵遇到难一点的操作或书上没有讲过的知识就不知道怎么办了。老师总是批评他是赵括转世，只会纸上谈兵。一晃三年过去了，小赵每次面试时给用人单位的印象极好，但一到厂子里，不到试用期满就被退回来了。如此反复，小赵很久都没有找到适合自己的工作岗位。

小赵为什么会被单位退回？

____

____

你认为书本知识与实际操作能力有什么关系？校内学习与校外学习的异同在哪里？

____

____

第二，小组讨论。

每小组确定组长、记录员后，由组长组织本组同学针对上述问题进行讨论，记录员做好记录。

第三，全班交流。

每小组推荐一名代表在全班做交流发言，前面小组讲到的后面小组不重复讲。

第四，教师点评、总结。

2. 了解本专业的专业课程

第一，填写下表。

把你通过互联网查找、走访职业人士、专业教师等了解到的本专业的专业课程及其主要内容、基本要求、与未来职业或技术的对应关系等填入下表。

专业课程名称	主要内容(理论和技能)及其基本要求	应当或可以考取的证书	对应何职业岗位或技术	备注

第二，小组讨论。

每小组确定组长、记录员后，由组长组织本组同学针对上述问题进行讨论，记录员做好记录。

第三，全班交流。

每小组推荐一名代表在全班作交流发言，前面小组讲到的后面小组不重复讲。

第四，教师点评、总结。

第五，学生整理、完善上面的表格。

了解专业前景与就业前景。通过广泛的信息收集，认真分析该行业的现状和未来发展趋势。今天也许是热门专业，再过几年就不是“香饽饽”了，你需要做到未雨绸缪。

小贴士

应取得的职业资格证书

根据你所学的专业，确定要取得的职业资格证书的种类，并努力去取得这些证书。如财会专业需要考取普通话等级证、硬笔书法等级证、计算机等级证、会计电算证、MLC认证、电子商务员、计算机操作员、收银员、推销员、营业员等职业资格证书。

三、探讨专业课的学习方法

选择专业的实质是确定职业方向与领域。专业选择适合自我需求和社会经济发展的人才需求，能实现专业与职业的有效对接，有助于学生职业生涯快速、健康地发展；反之，则会制约学生职业生涯的发展，导致教育教学资源的浪费。

在学校中，我们常常遇到这样的学生，他们说自己是稀里糊涂地选择了现在的专业，相当一部分人不知道自己喜欢什么。你问他们今后想朝什么方向发展，他们说“不知道”。最近一次专题调查发现，中等职业学校学生专业选择表现出较大盲目性：仅37%的学生对自己所选专业非常了解或比较了解；高达15.7%的学生对所选专业不了解；相当一部分人不知道自己喜欢什么，也不知道今后朝什么方向发展。

1. 学习与借鉴

第一，阅读与思考。

为什么有的人学习起来轻松，有的人却感到很困难？它们的差异在哪里？难道真是聪明与否的原因吗？不，关键在于学习方法适宜与否！

德国哲学家笛卡尔曾说：最有价值的知识是关于方法的知识。科学的学习方法将使学习者的才能得到充分的发挥，越学越聪明，给学习者带来高效率和乐趣，从而节省大量的时间。不科学的学习方法会阻碍学习者才能的发挥，使其失去学习的乐趣。

故事分享

杨小伟是某中职学校汽修专业的学生，他非常希望学好专业课以后找个好工作。他学习非常刻苦，上课认真听讲，积极思考，晚上放学回家也学习到很晚。每天他都把自己的时间安排得满满的，不给自己一点儿娱乐的时间。但是，他的专业课考试成绩总不理想。后来，在老师的引导下，他重新制订了学期学习时间表和每天的学习时间表，保证了充足的睡眠，做到了劳逸结合。老师还帮助他分析专业课程的特点，重新制订了学习策略：专业课以在案例分析中学习、在实践操作中学习为主，加强他的实际动手操作能力和解决问题能力的培养。慢慢地，杨小伟适应了新的学习时间安排，注意到劳逸结合，并按老师的指引，用理论指导实际操作，用实际操作加深对理论知识的理解。他的实践操作技能飞速进步，理论学习成绩也得到很大提高。他的精神状态良好，脸上也绽放了从未有过的笑容。

武小婧是某职校旅游专业的学生，二年级上学期就外出实习当导游，三年级刚一结束，立即进入一家有名的旅游公司，很快成为公司的骨干。武小婧喜欢导游行业，实习时和带她的导游关系好，在实践中学习导游的工作技巧，因为这些都是书本上没有的知识。她主动帮导游做解说，与客人沟通，积累工作经验。空闲时间还通过互联网查阅大量资料，不断补充知识。三年级时，她便试着独自带队，业绩不断上升，旅游公司领导很快注意到她，一毕业就与她签订了正式聘用合同。

杨小伟和武小婧各自采取了哪些学习方法？值得你借鉴的有哪些？

____

____

第二，小组讨论。

每小组确定组长、记录员后，由组长组织本组同学针对上述问题进行讨论，记录员做好记录。

第三，全班交流。

每小组推荐一名代表在全班做交流发言，前面小组讲到的后面小组不重复讲。

第四，教师点评、总结。

合作探究

学习目标设计

请写出你中职三年的学习目标。

知识上______________________________________

专业技能上＿＿＿＿＿＿＿＿＿＿＿＿＿＿＿＿＿＿＿＿＿＿＿＿＿＿＿＿

综合素质上＿＿＿＿＿＿＿＿＿＿＿＿＿＿＿＿＿＿＿＿＿＿＿＿＿＿＿＿

2. 探讨专业课的有效学习方法

第一，完成下表。

根据自身实际，结合上面的案例分析，完成下表。

专业课程名　称	你的学习目的是什么	适合你自己的学习方法	你如何将理论知识与实践相结合	你打算怎样去培养自己的学习兴趣与能力

第二，小组讨论。

每小组确定组长、记录员后，由组长组织本组同学针对上述问题进行讨论，记录员做好记录。

第三，全班交流。

每小组推荐一名代表在全班做交流发言，前面小组讲到的后面小组不重复讲。

第四，教师点评、总结。

第五，学生归纳整理并完善表格。

小贴士

21世纪发展前景看好的专业人才：心理学人才、专事“洋务”的对外汉语专门人才“风光无限”的地理科学专门人才、气象万千的大气科学专门人才、“以小见大”的小语种专门人才。

未来需求量较大的几类人才：网络服务人才、数据管理人才、经营管理人才、经济人才、教育人才、医疗保健人才、同声传译人才。

未来几年我国最具潜力的十大职业：汽车美容师、游戏动画设计师、景观设计师、会展设计师、彩铃设计师、财务规划师、职业生涯顾问、营养配餐师、房地产估价师、金融分析师。

拓展阅读

找到适合自己的学习方式

彼得·圣吉说，企业未来唯一持久的竞争优势是比竞争对手学习得更快和更好，个人也是如此。我们现在的时代是终身学习的时代，要取得事业上的成功重要的是要不断更新知识、提升能力，才能保持自己的职业竞争力，逐步达到自己设定的职业目标。

爱因斯坦曾是一个整日空想、在中学时代连许多测验都过不了关的学生。幸运的是，他的母亲是一位教育先驱，她用一种探索式的方法帮助爱因斯坦快乐地学习。在这种乐趣的牵引下，把爱因斯坦引进了令其兴奋的知识世界，最终使他成为那个时代最伟大的科学家。1945 年 4 月 2 日，苏黎世联邦工业大学建校 100 周年，邀请爱因斯坦回母校演讲，爱因斯坦在演讲中说了这么几句话：我学习成绩中等，按学校的标准，我算不上是个好学生，不过后来我发现，能忘掉在学校的东西，剩下的才是教育。

丘吉尔在其学生时代作业常常做得很差，说话也结巴并且口齿不清，然而他却成了那个世纪最伟大的领袖和演说家。

爱迪生在学校常提出一些古怪的问题，被老师认为是糊涂蛋，他所接受的惩罚也是最多的，以致仅仅接受了三个月的正式教育就被他的母亲带出了学校。而他却成为世界上最伟大的发明家之一。

现代画派的主要代表、蜚声画坛的大师毕加索出生于西班牙一个美术教师家庭，也许由于遗传因素和耳濡目染的原因，毕加索自幼爱好画画。在他父亲的直接指导下，毕加索很小就画了不少引人注目的素描，显示出相当的勾线能力和出色的观察力，被人们视为“神童”。然而“神童”并非一好百好。毕加索上小学时，学习成绩很差，算术、读书、写字等课程没有一样能学好的，甚至连字母也拼得乱七八糟。虽然教育多次，但长进不大。眼看十几岁了，他几乎还是目不识丁。不过，毕加索并不是个邪恶、不守纪律的放荡孩子，和老师、同学都还能相处和谐，只是他偏爱作画。他在作业本上乱画罗马人、野兽人、持戈武士和剑客，他就是不爱学习其他课程。父亲斟酌再三，决定发展儿子的特长，让儿子去接受正规的美术教育，以满足儿子的爱好。于是，他设法通过朋友的帮助，让这个年龄不够、学习成绩不佳的孩子，破格进了艺术学校。毕加索从此开始了他的绘画生涯。

善于自学是学会学习的基本途径。正如华罗庚所说："对一个人来讲，一辈子总是自学的时间多。"

第三节　提升综合素质，促进职业成长

在一个人民的国家中还要有一种推动枢纽，这就是美德。

——孟德斯鸠

教育的唯一工作与全部工作可以总结在这一概念之中——道德。

——赫尔巴特

德智体美劳全面发展，具有综合职业能力是国家对中职生的期望和要求，青年学生只有做到了这一点，才能适应职业变化，才能适应社会主义现代化建设的要求。

全面提高职业素质和综合能力，是中职生为即将开始的职业生涯所做的应有准备，是实现职业理想的必要基础。不论具体的目标是什么，进行学习设计时，都应围绕职业素质和综合能力的提高这一主线。

一、了解综合素质

1. 综合素质含义

综合素质是指人们所具有的各种生理的、心理的和外部形态方面以及内部涵养方面比较稳定的特点的总和。

它包括人格素质、心理素质、身体素质、文化素质、审美素质等。

2. 综合素质的主要表现

研究表明，职业综合素质，主要体现在以下四个方面。

(1)态度。

职业态度是决定职业成长的最主要因素。用积极的态度还是用消极的态度对待职业生活，对个人的职业影响极大。因为职业生活中的矛盾是错综复杂的，在面对这些矛盾的时候，个人一定要保持头脑冷静，善于在纷乱中发现职业生活的美感，不管职业现实与职业理想有多大距离，都要提醒自己，应该坦然处之，不要灰心丧气。

事实也是如此，当你热爱工作的时候，工作就会给你带来快乐；当你厌恶工作的时候，工作就会给你带来痛苦。因此，必须提倡以积极的心态面对生活，使自己热爱职业生活，投身职业生活，在职业生活中创造，在职业生活中成长。这样一来，眼前的生活便充满诱人的色彩，职业前途也就一片光明了，何乐而不为呢?

(2)学习力。

学习能力是当代人最重要的生存能力之一，也是劳动者实现职业成长的最有力的武器。就像找工作本身不是工作一样，学习力本身并不代表知识的多少，而是代表持续获得知识能力的强弱。如何获得知识，这本身就是知识。所以，尽管个人的教育程度不同，所拥有的知识基础和知识结构各异，每个人都可能拥有学习力，这对个人的职业成长显然具有重要意义。

研究发现，一个大学生的知识，在毕业 5 年后，有用的知识仅剩 20%。要以不变的知识结构去应付万变的职业工作，显然是力不从心的。所以，每一个劳动者都必须清醒地认识到，在知识经济时代，科学技术市场化和生活化的速度越来越快，个人的职业生活随时都要接受洗礼和挑战，主要表现在：一方面，社会组织须向学习型组织转变，把知识的生产、传播和使用作为组织发展的重要手段；另一方面，个人必须顺应组织及职业变革的需要，把知识的补缺和更新作为职业成长的催化剂，从而对学习力有迫切需要。因此，人们必须更加勤勉地工作，必须不断地进行自我“充电”，才能跟上时代发展的步伐，实现职业成长的奋斗目标。

(3)进取精神。

进取精神是职业成长的基本动力，它的能量来源于把热情转化成的精神力量；有热情就会有进取精神，没有热情就不会有进取精神。热情是人人具有的，只要善加利用，就可以使之转化为巨大的成长动力。一个人要想保住一份理想的职业，或者要保持职业成长势头，就必须保持一股工作热情，保持一种积极进取的精神状态，否则便无法实现自己的理想。实践证明，积极性是成长进步的阶梯，而惰性则是使自己落伍的陷阱。

所以，为了保持进取精神，我们要不断地激发工作热情，把心理因素转化为工作热情。比如，要经常暗示自己，你正在做的工作正是你最喜欢的，然后高高兴兴地去做，使自己感到对现在职业生活已很满足；比如，要经常告诉别人你的工作状况，让他们知道你为什么对这项工作感兴趣。总之，每个人都有理由充满工作热情，也有能力实现职业成长。不论是作家、教师、工程师、工人、服务员，只要不失时机地给自己的热情加油，就不会放慢职业成长的脚步。这就像没有加油站，汽车就不能跑长途一样，热情不加油，进取精神也不能维持长久。只有当热情发自内心，又表现为一种强大的精神力量时，才能征服自身与环境，创造出日新月异的职业成绩，使自己在激烈的职业竞争中立于不败之地，进而实现快速成长。

(4)沟通能力。

人是一切社会关系的总和，任何人都与社会有着千丝万缕的联系。劳动者的社会联系，主要表现为拥有一个相对稳定的“职业圈”，也就是个人与职业群体中其他成员之间形成的职业关系网。这个网是由组织编织的，但是与个人的沟通能力也有很大关系。从某种意义上说，个人沟通能力的好坏，直接影响个人在职业圈中的地位及职业成长进程。

据抽样调查，被解雇的人员中，人际关系不好的比不称职的高出 3.5 倍。可见，建立良好的上下级关系是十分重要的。

案例分析

中国银行××分行招聘

记者：贵公司喜欢招聘怎样的应届毕业生？最看重他们哪方面的素质？

中国银行：最适合的才是最好的。由于银行属于金融性业务，职员的一举一动都与银行形象有着密切的关系，因此我们在选择人才时比较看重其是否具备职业素养和良好的综合素质，而综合素质主要包括精神素质、专业素质和沟通能力。

问题：

如果你是中国银行的面试官，你会重点考察应聘者哪些方面？

3.“冰山素质”理论

(1)“冰山素质”理论

1895年，心理学家弗洛伊德与布罗伊尔合作发表《歇斯底里研究》中提出著名的“冰山理论”：人的心理就像海面上的冰山一样，露出来的仅仅只是一小部分，绝大部分处于无意识状态的。而正是那看不见的冰山下面巨大的底部，在某种程度上决定着人类的行为，人与人之间的恶劣斗争，决定着人的成长和发展等。

我们常说某人职业素质真高，而某些人职业素质太低。那么，这个叫“职业素质”的东西到底是什么呢？现在我们就可以用著名的冰山理论来解释。

图 1-1 冰山模型

职业素质既然有大部分潜伏在水底，就如同冰山有7/8存在于水中一样，正是这7/8的隐性素质部分支撑着员工的显性素质部分！员工的显性的因素是非常有限的，冰山下的隐性因素在更深层次上影响着员工的发展。

一名员工就像一座冰山，呈现在人们视野中的部分往往只有1/8，而看不到的则占7/8。对员工来说，外边的1/8是其资质、知识、行为和技能，下面的7/8则是由职业意识、职业道德和职业态度三个方面形成的基石。要培育优秀的职业素质，就要重视这三个隐性方面的内容，因为它占员工素质的7/8，同时还深刻地影响着员工1/8的显性素质。

企业员工职业化程度的高低决定了企业的未来发展，也决定了员工自身未来的发展。是否具备职业的意识、职业道德、态度和职业的技能、知识与行为，直接决定了企业和员工自身发展的潜力和成功的可能。具备职业化素质，你就拥有了相当的职业竞争力，也就迈出了获得成功的第一步。

(2)运用冰山理论来讨论

为什么有些人学历低，收入却很高？

为什么有些人总是能够得到赏识和重用？

为什么有些人工作时总是有激情、很快乐？

为什么许多企业明确表示不招聘应届毕业生？

为什么经历丰富的你，专业很好，求职却屡受打击？

为什么你既得不到提升，也得不到高薪？

为什么你做事，老板总不满意？

第一，小组讨论。每小组确定组长、记录员后，由组长组织本组同学讨论上面的问题，记录员做好记录并归纳整理。

第二，全班交流。每小组推荐一名代表在全班做交流发言，前面小组讲到的后面小组不重复讲。

第三，教师点评、总结。

第四，把你感兴趣的讨论意见归纳整理后记录在下面的横线上。

讨论摘要：______________________________

____

____

____

二、探讨提升综合素质的途径与方法

1. 了解中职生应当具备的基本综合素质

作为中职生，应当具备以下最基本的综合素质。

(1)思想道德品质

高尚的思想道德是从事任何社会职业必备的素质，在一定程度上决定着职业能力是否具有所需要的发展空间。

职业道德体现在每一个具体职业中，而敬业、勤业是职业道德的最基本要求，也是我国传统职业道德的重要内容。其基本含义是热爱本职工作，恪尽职守，讲究职业信誉，钻研本职业务，对技术和专业精益求精。一个不遵守职业道德或不完全信守职业承诺的人，无论其职业技能有多强，都不可能成为有较高素质的职业人。

(2)团队合作精神

在当今社会里，企业分工越来越细，任何人都不可能独立完成所有工作，一个人所能完成的仅仅是企业整体目标的一部分。在世间万物中，没有哪种生物能像人类这样精诚合作，正是依靠这种团队精神，人类才走到了今天。大多数人都试图取得成功，走在他人的前面，这似乎预示着人与人之间主要应该是竞争关系，而不应该是合作关系。问题就在这里。库兹班指出，或许竞争是促使人与人之间展开合作的一个主要因素。他说，在人类合作的行为背后，最为重要的因素之一是在个体、群体间存在的竞争。只有一个群体内的成员彼此联合起来才能与其他群体抗衡。在全球化越来越深的今天，合作精神无论对于国与国之间，还是人与人之间都显得尤其重要。

的确，一个人是需要有合作精神的，在这纷繁复杂的大千世界里生存，合作精神实在可贵。一个单位，不但职工与职工之间需要合作，而且领导与职工之间也需要合作。将不同的人放在不同的工作岗位上，目的是让他们发挥自己的特长。作为负责人，就是要调动职工的积极性、凝聚他们的向心力，把部门工作做好、做出色。如果负责人包办代替，或者只把自己的下属当作机器人一样使唤，当然会引起有思想、有主见、有智慧的下属的不满，从而导致负责人与下属合不来甚至闹僵的被动局面。常言道，一个篱笆三个桩，一个好汉三个帮，独木难撑大厦。也就是说，一个人纵有天大的本事，如果没有合作精神，仍旧难成大事。

(3)良好的身体素质

身体素质是个综合性问题，体力因素是身体素质的首要构成部分，指与人的体力相关的生理学意义上的器官或系统的发育及其健康状况，如人体的肌肉、四肢、五脏等的生理功能。体力因素既是身体素质的最基础的部分，又是身体素质构成的低层次结构形式。它的形成与先天因素有一定的联系，但主要取决于后天发育状况。身体素质除肌肉、内脏与神经系统、大脑等结构和功能方面的特点外，还应当有种种生理潜能蕴含其中。它与心理潜能和生理潜能一起，构成人的潜能系统。潜能并不神秘，它是人的身体、心理发展的前提条件或可能性。

2. 探讨提升综合素质的途径与方法

第一，填写下表。

每位同学先客观分析自身在综合素质方面的现状(包括交往、组织、表达、经营、管理、与人沟通、合作能力等)，找出其与未来职业岗位要求的差距，再把自己今后提升综合素质的设想一并填入下表的相应栏目中。

第二，小组交流。

每小组确定组长、记录员后，由组长组织本组同学交流分享，把你认为对你有用的信息记下来。

第三，全班交流。

每小组推荐一名代表在全班做交流发言，前面小组讲到的后面小组不重复讲。

第四，教师指导、总结。

合作探究

整理记录并完善下表。

<table>
<tr><td rowspan="2">综合素质现状分析</td><td>现有基础状况</td><td colspan="2"></td></tr>
<tr><td>与未来职业岗位要求的差距</td><td colspan="2"></td></tr>
<tr><td rowspan="4">今后提升综合素质的途径与方法</td><td>项目</td><td>途径</td><td>方法(措施)</td></tr>
<tr><td>自己的打算</td><td></td><td></td></tr>
<tr><td>同伴的建议</td><td></td><td></td></tr>
<tr><td>老师的建议</td><td></td><td></td></tr>
</table>

综合素质是在专业知识的基础上，由思想道德素质、能力素质和心理素质共同构成的有机整体。在此，专业知识包括五个层次，即公共基础知识、专业基础理论和专业理论、文化科学技术前沿知识、必要的跨学科知识和经济管理知识。

小贴士

当今社会对综合素质的要求

1. 解决问题的能力
2. 发现问题的能力
3. 适应社会的能力
4. 学历、证书
5. 专业性强
6. 交流、口才、表达能力
7. 智商之外的情商
8. 角色认同，角色适应，角色整合等诸方面的素质

应知应会

一、填空题

1. 从总体看，中职生的知识结构应包含五个层次：公共基础知识、________、________、必要的跨学科知识、________。

2. 探究学好中职文化基础课的方法________、________、________、________。

3. 任何职业都离不开________、专业的技能和独特的________。在这个职业化的社会里，一个人是否受到认可，是否得到重用，获得发展，与他的专业知识、专业技能和经验的掌握程度密切相关。

4. “________________，具有综合职业能力”是国家对中职生的期望和要求，青年学生也只有做到了这一点，才能适应职业变化，才能适应社会主义现代化建设的要求。

5. 综合素质是指人们所具有的各种生理的、________和________方面以及________方面比较稳定的特点的总称。它包括人格素质、________、________、________、审美素质等。

6. 高尚的________是从事任何社会职业所必备的________，在一定程度上决定着职业能力是否具有所需要的发展空间。

7. 身体素质是个综合性问题，________是身体素质的首要构成部分，指与人的体力相关的生理学意义上的器官或系统发育及其________状况。

二、简答题

1. 中职生的知识结构包括哪几个层次。

2. 谈谈你打算怎样学好中职文化基础课。

3. 你认为学习专业课的作用和意义是什么。

4. 简述“冰山素质理论”。

三、论述题

1. 请谈谈学好中职文化基础课的重要性。

2. 试述综合素质在职业生涯发展中的重要作用。

第四章

职业素养面面观

学习导航

- 了解职业素养的内涵
- 知道职业素养的基本特征
- 知道社会对中职生职业素养的要求
- 学会提升职业素养的途径和方法

中职生要适应社会的需求，身上除了要具备高效、敬业、忠诚的敬业精神外，还必须具备两个基本条件：一是要具备符合社会需求的专业知识；二是要具有良好的个人职业素养。良好的个人职业素养不仅是专业技术得以学习、应用和创新的基础，也是职业生涯健康稳定发展的保障。

第一节　职业素养的内涵

良好的职业素养是一个人取得成功的关键。

——乔布斯

案例分析

上海一著名品牌企业对员工素养的考评标准，就包括职业精神和职业能力两个方面，共10项要求：职业精神方面要求目的清晰、团队合作精神、自信诚实；企业家精神包括能承担责任和勇于冒险精神等；职业能力方面要求有客观分析能力、实际创造能力、影响他人的能力、发展他人的能力、从经验中学习的能力、市场导向的能力。

从上述案例中，一名合格的中职生应该具备怎样的就业观？

一、职业素养基本内涵

素养，指完成某种活动所必需的基本条件。针对中职生而言，素养是指学生参与学习、生活以及社会实践中所具备的能力。

职业素养是劳动者对社会职业的了解与适应能力的一种综合体现，是在职业活动中起决定性作用的、内在和相对稳定的基本品质。它是一个人职业生涯成败的关键因素。

对于中职生而言，职业素养是中职生充分认识自身潜能、合理利用在校时间、胜任未来职业活动必需的基本意识、能力和知识的集合，反映了从业者在从业过程中的精神状态和能力水平，是职业发展的基础。

职业素养是一个人职业生涯成败的关键因素。其中，专业知识、专业技能和专业能力等与职业直接相关的职业基础技能是通过学习、培训比较容易获得，综合素质含职业道德、职业思想(意识)、职业行为习惯属世界观、人生观、价值观范畴的产物，这些都需要在成长中通过努力逐渐完善。

作为中职生，今后无论从事何种职业，在什么地方生活、工作，都必须具备一定的思想道德素质、科学文化素质、身体素质和心理素质等。在分析一个人职业素养的时候，通常把职业道德素养(包括职业道德、职业思想、职业行为习惯)与职业基础技能的比例以65∶35进行分配，这是合理的比例关系。缺乏职业道德的中职生不可能在工作中尽心尽力，更谈不上有所作为；相反，中职毕业生如果拥有崇高的职业道德，不断努力，那么在任何职业上都会做出贡献，服务社会的同时体现个人价值，就是人们通常所说的道德比专业重要。清华大学秉承的“小胜靠智，大胜靠德”理论，就说明了道德是一个人最基本的为人标准。只有做到知识、技能和德行的统一，成为真正具有德行修养的中职生，才会得到社会的欢迎和认可。

小贴士

世界500强企业最看重的是一个人的能力素质，他们将能力素质作为判断个人潜力的标准。在世界500强企业招聘的三个核心衡量要素中，能力素质是重点，因为专业技能和工作经验在一段时期内是稳定的，而能力素质才能表现出一个人的发展潜力。500强企业最看重的职业素养有诚信、敬业、学习力、沟通能力和团队协作能力等。

二、职业素养的基本特征

1. 职业性

不同的职业，职业素养是不同的。对建筑工人的职业素养要求，不同于对护士的素养要求；对商业服务人员的职业素养要求，不同于对教师的素养要求。

北京市劳动模范李素丽的职业素养始终是和她作为一名优秀的售票员联系在一起的，正如她自己所说：“如果我能把10米车厢、三尺票台当成为人民服务的岗位，实实在在去为社会作贡献，就能在服务中融入真情，为社会增添一份美好。即便有时自己有点烦心事，只要一上车，一见到乘客，就不烦了。”

2. 稳定性

一个人的职业素养是在长期职业实践中日积月累形成的。它一旦形成，便具有相对的稳定性。比如，一位教师，经过三年五载的教学生涯，就逐渐形成了怎样备课、怎样讲课、怎样热爱自己的学生、怎样为人师表等一系列教师职业素养，于是，便保持相对稳定。当然，随着他继续学习、工作和环境的影响，这种素养还可继续提高。

3. 内在性

从业人员在长期的职业活动中，经过学习、认识和亲身体验，觉得怎样做是对的，怎样做是不对的。这样，有意识地内化、积淀和升华的这一心理品质，就是职业素养的内在性。我们常说，“把这件事交给小张师傅去做，有把握，请放心。”人们之所以放心他，就是因为他的内在素养好。

4. 整体性

一个从业人员的职业素养是和他整个素养有关的。我们说某某同志职业素养好，不仅指他的思想政治素养、职业道德素养好，而且还包括他的科学文化素养、专业技能素养好，甚至还包括他的身体心理素养好。一个从业人员，虽然思想道德素养好，但科学文化素养、专业技能素养差，就不能说这个人整体素养好。相反，一个从业人员科学文化素养、专业技能素养都不错，但思想道德素养比较差，同样不能说这个人整体素养好。所以，职业素养一个很重要的特征就是整体性。

5. 发展性

一个人的素养是通过教育、社会实践和社会影响等方式逐步形成的，它具有相对性和稳定性。但是，随着社会发展对人们提出的要求，人们为了更好地适应、满足、促进社会发展的需要，总是不断地提高自己的素养，所以，素养具有发展性。

由此我们可以得出如下结论：第一，素养首先是教化的结果。它是在先天素养的基础上，通过教育和社会环境的影响逐步形成和发展起来的。第二，素养是自身努力的结果。一个人的素养的高低，是通过自己的努力学习、实践，获得一定知识并把它变成自觉行为的结果。第三，素养是一种比较稳定的身心发展的基本品质。这种品质一旦形成，就相对比较稳定。比如，一个素养好的学生，由于品质稳定，他总是能正确地对待别人，对待自己。

三、如何培养自己的职业素养

故事分享

一位女士走进一家餐厅，点了一份汤，服务员端上来后很有礼貌地走开了。服务员刚走开，这位女士便将服务员叫过来说："对不起，这碗汤我没法喝，因为……"还没等顾客说完，服务员立马说了声"对不起"，并重新为这位顾客端上来一碗汤。可是，那位顾客仍旧说："sorry，这碗汤我没法喝，因为……"这位服务员有点不知所措，并解释道："尊敬的女士，您点的这道菜是本店最拿手的，深受顾客欢迎，您对我们的服务有什么不满吗？"先生，我只是想问一下，喝汤的勺子在哪儿？"

问题：

你认为服务员的问题出在哪里？

职业是一个人在社会中所从事的、作为其主要生活来源的工作，素养就是个人平日待人处世的态度。由此看来，职业素养就是个人在劳动实践过程中，通过学习、培训、锻炼、自我修养等方式逐步积累和发展起来的，反映个人在身体、思想、心态、文化、技能、潜能、诚信、荣辱观和责任等方面的内在品质。

如何培养职业素养涉及面很广，覆盖的内容很多，要提炼出一个具有代表性和可接受性的语言并非易事。但培养的主要目的是让中职生具备诚信为先、高效工作、团结合作、言行一致、与时俱进等基本素质和能力。

1. 通过职业生涯规划来培养职业素养。

职业生涯规划的目的是围绕个人的人生目标，明确人生各阶段的任务，有计划、有步骤地去完成，最终实现自己的人生目标。从中职生入学开始，就要抓住时机进行职业理想和职业规划教育，让学生明白专业培养目标，了解专业发展方向，使学生逐步树立正确的职业理想。

2. 通过政治教学培养职业素养。

为适应中职培养目标，政治课教学的内容、方法在不断改革，组织学生学习职业道德规范的基本要求，了解职业道德的特点、意义和内容，掌握加强自我道德修养的方法和途径，让学生树立劳动光荣、诚实守信、团结合作、爱岗敬业、服务奉献、艰苦奋斗、开拓进取等观念。

3. 通过技能训练和资格证书考试来培养职业素养。

技能训练的各项要求无疑有助于培养学生的职业素养。职业资格证书已经成为职业准入的标准，它反映了劳动者的职业素养。内容全面、科学训练且具有权威性的职业资格证书考试，必将提升学生的职业素养。聘用越来越多的企业优秀人才为学生上课，给学生树立了学习的榜样，同样有利于学生职业素养的培养。

4. 通过社会实践和第二课堂活动培养职业素养。

中职生的职业素养培养要渗透到学生学习生活的各个方面。积极开展中职生社会实践三下乡活动，开展向雷锋、李素丽、邓建军、洪战辉等先进人物的事迹学习活动，举办体育竞赛、演讲比赛、技能展示、科技制作、知识竞赛、报告讲座等，让职业素养培养无处不在。

5. 通过就业和创业教育培养职业素养。

就业和创业教育就是要让中职生在选择职业时根据就业形势和自身条件进行全面权衡，在科学的职业理想指导下树立正确的就业观念，形成正确的职业态度。通过教育，使中职生明白人生价值主要是通过自己的本职工作来体现，要尊重自己的工作，全身心投入工作，脚踏实地、一点一滴地积累，只有这样不断提升职业素养，才能迈向更高的目标。

职业素养是中职生又好又快发展的基础。只有把职业素养培养贯穿于学生学习生活的全过程，强化职业素养的培养，中职生才能在服务社会的过程中实现自己的职业理想。

第二节　社会对中职生职业素养的要求

一、当前中职生自身素养存在的问题

当前用人单位普遍看重毕业生的职业素养，但一些调研报告表明，中职生的职业素养现状却令人担忧。

中职生的职业素养有待进一步提高已成为一个社会问题。在中职生中，诸如专业能力较差、无诚信、缺乏敬业和团队精神、频繁跳槽等现象普遍存在，这些因素不仅严重影响了中职生的个人发展，同时也影响了社会对中职生群体的看法。

我国是发展中国家，具有人口过剩、产业结构不合理和就业压力大等特点。到20世纪末，人口数量已达13亿，劳动适龄人口达8亿；由于企业深化改革，采用新技术、新设备，导致失业人数不断增加。在这种激烈的就业竞争形势下，企业更加迫切地呼唤人才，呼唤具有较为精深的专业技术和良好的职业素养的高级人才。

近几年来，由于中职学校招生规模扩大、就业结构不合理、就业市场不完善、盲目的人才高消费、就业观念有待更新等原因，出现了一些很不正常的现象：一方面，企业求贤若渴；另一方面，求职者一职难求。面对这一严峻形势，进行仔细调研，中职生自身素养不足主要表现在以下方面：

1. 就业学生诚信不足。

当前毕业生的不诚实现象日益凸显，夸夸其谈自己的专业成绩，好得叫人“瞠目”；招聘人员对这种求职简历大多不屑一顾。一项不完全统计，用人单位招聘应届毕业生的到岗率不足70%的占了将近一半。

2. 图安逸、怕吃苦。

“大城市、好单位、高工资”是中职生的首选。据不完全统计，约有90%的毕业生选择效益好、工资高、地处大中城市的好单位；愿意到急需人才的边远地区和艰苦行业的毕业生仅占2%。

3. 善小不为，善大难为。

对一些轻而易举就能干好的小事情，不愿干、不屑于干，即使是单位要求，也很不情愿，认为浪费了自己的青春。

4. 不愿意同别人团结互助，共同合作。

这不仅是对中职生道德水平的检验，也是用人单位考察他们的重要标准。它能反映出中职生处理人际关系的能力和工作协调能力，但是，在竞争过程中，抬高自己、贬低别人的现象却屡见不鲜。对此，用人单位的态度十分明确，对此类学生坚决拒用。

不少用人单位反映部分毕业生缺乏职业素养，理想化情绪过浓，对待遇、工作环境等过于看重，不安心本职工作，过分注重眼前的实际利益，忽视单位的长远发展。用人单位到学校招聘时要求毕业生踏实肯干、有敬业精神、从基层干起，那些好高骛远、眼高手低、夸夸其谈的毕业生是不受用人单位欢迎的。另外，良好的人际沟通能力与团队精神也是必不可少的。生产的社会化使社会分工越来越细，完成一项工作，需要多人的协同配合。沟通、协调能力和团队精神成了一些用人单位考核的重要指标。良好的人际交往能力和协调能力有助于事业成功。毕业生到了新的工作岗位，要把自己置身于集体之中，热爱、忠诚、效力于自己的单位，与同事同甘共苦，如果自私自利、性格孤僻，必然在工作中寸步难行。

拓展阅读

上海某职业院校的毕业生被分配到一家大型企业后，学生普遍不能适应企业工作，只好全部“回炉”进行职业培训。重庆一家贸易公司招聘了21名高职院校的毕业生，不到四个月就辞退了20名。

据统计，职业院校学生毕业后到企业工作岗位上，所发生的生产和安全事故80%是由于工作责任心不足、安全意识淡薄引起的，工作技能水平不够引起的只占很小的比例。

职业素养是中职生综合素质中不可缺少的一部分。每一个中职生都有自己相应的专业方向，但这并不意味着他们已经选择了合适的职业。中职生走向社会后，职业岗位的变动随时都有可能发生，因此要适应这种变化，就必须具有扎实宽厚的基础知识和良好的职业素养。在培养健全人格的同时，注重专业知识、专业技能和综合能力的提高，使自己成为社会所需求的、有创新精神的、尽可能完善的人。

二、培养学生十大职业素养

故事分享

美国耶鲁大学有一批应届毕业生共22人，实习时被导师带到华盛顿的白宫某军事实验室参观。全体学生坐在会议室里等待该实验室主任胡里奥的到来，这时有秘书给大家倒水，同学们表情木然地看着她忙活，其中一个还问了问：“有黑咖啡吗？天太热了。”秘书回答说：“抱歉，刚刚用完了。”有一个名叫比尔的学生看着有点别扭，心里嘀咕：“人家给你倒水还挑三拣四的。”轮到他时，他轻声说：“谢谢，天气这么热，辛苦了。”秘书抬头看了他一眼，满含着惊奇，虽然这是很普通的客气话，却是她今天听到的唯一一句。

然而，随后却发生了一件很尴尬的事。当胡里奥主任推开门走进来和大家打招呼时，不知怎么回事，静悄悄的，没有一个人回应。比尔左右看了看，犹犹豫豫地鼓了几下掌，同学们这才稀稀落落地跟着拍手，由于掌声不齐，越发显得零乱。胡里奥主任挥了挥手：“欢迎同学们到这里来参观。平时这些事一般都是由办公室负责接待，因为我和你们的导师是老同学，非常要好，所以这次我亲自来给大家讲一些有关的情况。我看同学们好像都没有带笔记本，这样吧，王秘书，请你去拿一些我们实验室印的纪念手册，送给同学们作纪念。”

接下来，更尴尬的事情发生了，大家都坐在那里，很随意地用一只手接过胡里奥主任双手递过来的手册。胡里奥主任脸色越来越难看，走到比尔面前时，已经快要没有耐心了。

就在这时，比尔礼貌地站起来，身体微倾，双手握住手册，恭敬地说了一声：“谢谢您。”胡里奥闻听此言，不觉眼前一亮，伸手拍了拍比尔的肩膀，说："你叫什么名字？"比尔照实作答，胡里奥微笑着点头回到自己的座位上。

两个月后，在毕业去向表上，比尔的去向栏里赫然写着该军事实验室的名字。有几位颇感不满的同学找到导师："比尔的学习成绩最多算是中等，凭什么选他而没选我们？"导师看了看这几张尚显稚嫩的脸，笑道："是人家点名要的。其实你们的机会是完全一样的，你们的成绩甚至比比尔还要好，但是除了学习之外，你们需要学的东西太多了，修养是第一课。"

问题：

你如何看待上面这个故事？

一流的员工来自一流的职业素养。一个人职业素养的高低，直接关系到他一生的成就。能力和专业知识固然对每一个人来说都很重要，但要在职场中取得成功，最关键的还是在于职业素养。

要成为一流的员工，就需要具有以下十种职业素养：

1. 敬业：只有你善待岗位，岗位才能善待你。

在工作中，我们经常听到这样的抱怨："不是我不愿意努力，是我所在的部门太差，工作岗位太平凡，太不起眼，要前途没前途，要发展没发展……"而在你挑剔和厌恶岗位的时候，岗位同样也会疏远和厌弃你，更谈不上给你新的空间和机会。其实，在职场中含着金钥匙出生的人只是极少数，大部分人即使现在已取得辉煌成就，绝大多数都是从最平凡的岗位做起的。

曾经感动和激励了无数人的畅销书《邮差弗雷德》的主人公弗雷德是一个普普通通的邮差，但他却用自己的快乐、敬业和周到体贴服务赢得了无数人的尊敬。美国邮政协会还专门设立了弗雷德奖，奖励那些在投递行业认真工作，在服务、创新和尽责方面具有同样精神的员工。

我们大多数人都像弗雷德一样，从事着普通又平凡的工作，但我们中又有几个人能真的像弗雷德一样，把自己人生的舞台演绎得这么精彩？

在人生这个大舞台上，永远只有小演员，没有小角色。其中的差别，完全看我们自己如何对待它。

如果我们用“小”的心来演绎自己的人生，那么我们只能是一个不受重视的小角色。如果我们用“大”的心去演好每一个角色，那么，即使是一个小角色，也能演出主角的风采，并终有一天成为主角。

2. 发展：与单位需求挂钩，才会一日千里。

很多职场中的人都有这样的心理：觉得单位对自己不公平，认为凭自己的学识和能力，单位应该给自己更大的平台、更好的空间、更高的待遇……但他们却很少反思：为什么自己有学识、有能力，但却在单位中得不到重用，原因到底在哪里？

我认识一位经济学博士，他也有过这样的苦恼和困惑。他博士毕业后，很多大企业都争相聘请他，但奇怪的是，他在哪家企业都待不长，总是没几个月就被辞退。于是他找到我，让我帮他分析原因。听完他的讲述，我找到了症结所在：别人开始争相聘请他，是看中了他的学历。但真正到了工作中，他却处处端着博士的架子，要么抱怨，要么挑剔，却并没有真正将自己的学识用到工作中去。我告诉他，尽管你拥有博士的头衔，却没有搞懂职场发展的基本规则：单位只会为你的使用价值买单。或许你有研究生、博士生的头衔，或许你才高八斗、学富五车，但如果你的学识只有百分之十对单位有用，那么单位就只会为你这百分之十买单。而剩下的百分之九十，那是你自己的事，没有哪个单位会那么傻，对你没有为单位创造任何效益的百分之九十一并买下来。亏本的买卖谁也不会做，换作你是老总，你同样不会买单。

这番话对他触动很大，他开始用一种全新的心态去面对工作。现在，他已经成为一家上市公司的副总裁。

所以，无论什么时候，只有将自己的学识、能力和单位的需求紧密联系在一起，为单位创造最大效益，那么，自己的发展才会一日千里。

3. 主动：从要我做到我要做。

一家企业的员工分为五种：自动自发的员工；提出要求后，能落实到位的员工；打折扣的员工；混日子的员工；“烂苹果”员工。毫无疑问，第一种员工是任何单位都欢迎、也最有发展前途的员工。要成为这样的一流员工，就必须完成“从要我做到我要做”的转换，明白自己不仅是单位的雇员，更是自己的主人，同样也是职位的主人。

到底怎样才是“我要做”？可以看一个发生在世界著名酒店里兹·卡尔顿酒店的故事：

一个行李员接到一个电话，原来有一位刚刚离开的客人将他的一份文件落在了酒店里。第二天上午九点，这位客人出庭的时候需要用到这份材料。而无论他回来取还是派人送到机场都已经不可能了，因为再有半个小时这位客人就要登上从华盛顿飞往纽约的飞机了。

听着电话里客人焦急的声音，行李员下决心在开庭前一定要将材料送到客人手中，于是自费买了一张机票，搭乘当晚最后一班飞机飞往纽约！做这样的决定并不容易，因为他知道酒店是不可能给他出路费的，而且在工作时间自作主张跑到纽约去，他可能会因此被炒鱿鱼。但他认定了帮助这位客人也是他工作的一部分，虽然员工守则中并没有注明行李员要这样做。

客人在法庭门口接过文件时，那份感动和感激无法用语言来表达。当行李员忐忑不安地回到酒店时，让他没想到的是，自己受到了最隆重的接待：总经理、部门经理都站在门口列队等候。原来那位客人打电话到酒店里，表达了自己的感激之情，说像行李员这样具有主动服务意识的员工真的很难得，并且表示以后到华盛顿去，一定还要住在拥有这样优秀员工的里兹·卡尔顿酒店里。这件事后来被《纽约时报》的一位记者知道了，于是写了一篇非常感人的报道，一时间大家都知道里兹·卡尔顿酒店有这样一个主动帮助客人、积极服务的员工。为此声名大振的里兹·卡尔顿酒店，特别开展了向这位普通员工学习的活动。

这位行李员身上体现出来的主动精神，值得每一个职场人士学习。只有真正将自己当成职位的主人，才能不斤斤计较，自动自发地做好每一件事情，甚至连自己分外的事都主动去做。如果能够做到这一点，又何愁没有大的发展、没有新的机会呢？

4. 责任感：会担当才会有大发展。

在职场中，责任感和发展的空间和机会往往是成正比的，也就是说，越敢于承担，越有大的发展。

对于一流的员工来说，工作永远没有“打折卡”，因为他们知道，对工作打折，也就是对自己的前途和发展打折——没有任何一个单位，会将重担交给一个在工作上不认真负责、处处偷工减料的人。

同时，一个一流的员工，还是一个优秀的责任承担者：一旦出现问题，不找借口、不推诿责任，而是主动承担，并懂得反思，避免同样的错误再次出现。这也是一流员工应该具备的良好品格、敢于担当的人，才能真正挑起大梁，获得更大的发展机会！

5. 执行：保证完成任务。

执行力是所有企业都非常看重的能力，这也和每一个职业人士的发展密切相关。要想保证完成任务，就要做到四个到位，即心态到位、姿态到位、行动到位、方法到位。这四个到位很好理解，却并不容易做到。

心态到位，才能在思想上认真投入，心无旁骛、专心致志地将事情做成。而这种不达目的不罢休的态度，就是石头见了也会点头的。

姿态到位，就是为了达到目标，要有百折不挠、穷尽一切可能的信心和勇气。

行动到位，也就是为了达到目标，要付诸怎样的实际行动，如何量化自己的工作，比如今天必须要完成多少稿件，要打多少个电话，访问几个客户……

方法到位，就是要有方法，运用智慧，使工作能够高效完成。

6. 品格：小胜凭智，大胜靠德。

就是说小的胜利要靠我们的智慧去争取，而大的胜利和发展则必须依靠我们的品德。纵观那些杰出的成功人士，或许他们成功的过程各不相同，但有一点却是相同的：优秀的品德。

在职场中，凭着一些小聪明或者小谋术，或许能够取得一时的成绩，但要想获得真正大的发展，则必须以“德”服人。

7. 绩效：不重苦劳重功劳。

在职场中，我们经常会看到这样的现象：很多人工作勤勤恳恳，一年到头忙个不停，干得比任何人都努力，但却总是在原地踏步，提升发展的机会似乎总也轮不到他们。到底是什么原因造成了这样的局面？答案是，

“苦劳”重要，“功劳”更重要，否则所有的“苦”就是白辛苦，是没有效益的苦。“老黄牛”只有插上绩效的翅膀，给单位创造出真正的效益，那么只有这样，才会获得更好的发展。

8. 协作：在团队中实现最好的自我。

随着竞争的日趋激烈，独行侠的时代早已过去，团队精神已越来越被企业和个人所重视。

任何一个企业，如果只是一个人优秀，而不是大多数人优秀甚至是人人优秀，那么这个企业不要说做大做强，连起码的生存都会有危机。

同样的道理，如果一个人只想着自己的发展，而不想着团队的整体发展，只考虑自己的利益，而不顾及整个团队的利益，那么这个团队就是一盘散沙。而团队没有发展，那么个人的发展自然也就无从谈起。所以，只有将自己真正融入团队，才能实现最好的自我。

9. 智慧：有想法更要有办法。

要想成为一流的员工、获得最快的发展，有一点非常重要，那就是做智慧型员工，不是简单地用手，而是用脑、用心去做事。加一点智慧的作料，工作的汤就会鲜起来。

同样的问题，用不同的方法去解决，产生的结果就会完全不同。如果方法选对了，那么效率就会大大提高，成本就会大大降低。而有想法更有办法的员工，自然也是单位最器重的。

10. 形象：你就是单位的品牌。

这是一流员工十大素养中最后一条，也是非常重要的一条。每个企业都有自己的品牌和形象，而这样的品牌和形象，很大程度上是靠员工树立起来的。自己的一言一行、一举一动，都可能成为别人眼中对这个企业的印象。

所以，无论什么时候，都时刻要对自己有这样的要求：我就是企业的形象，我就是企业的“金字招牌”

不难看出，一流员工的十大素养同样适用于我们的中职学生，因为无论是企业，还是学校、家庭、社会，对学生的素养整体要求是一致的。所以，中职学校要抓住学生在校学习的有利契机，有目的、有步骤、全方位地指导学生进行良好的职业素养培养，在引导学生进行职业生涯规划的过程中，强化职业意识，促进良好职业行为习惯的养成，从而提升职业素养。

第三节 提升职业素养的途径和方法

培养具备良好职业素养的中职生是职业教育的重要目标，通过社会、学校、家庭和中职生自己等方面因素共同努力，多渠道多形式提升中职生职业素养。

职业素养是指其职业内在的规范和要求，是在从事职业过程中表现出来的综合品质，包含职业道德、职业技能、职业行为、职业作风和职业意识等方面。中职生将来在职场能否取得成功，最关键的并不仅仅在于它的能力与专业知识，而在于其所具有的职业素养。

一、养成良好习惯

有什么样的思想，就有什么样的行为；有什么样的行为，就有什么样的习惯；有什么样的习惯，就有什么样的性格；有什么样的性格，就有什么样的命运。

——查·艾霍尔

人的行为总是一再重复。因此，卓越不是单一的举动，而是习惯。

——亚里士多德

1. 习惯的作用

对中职生的教育，首先应该从行为习惯上着手。从课堂、课间、自修、实训、活动等细微处入手，在生活、学习中逐步培养学生良好的习惯——学会专心听课、学会独立完成作业、学会自控自理、学会团结协作、学会反思自己，这些都是良好行为习惯的显性表现。由于中职生已处于职业准备阶段，良好的行为习惯一旦形成就渗透到学生心灵，就有明确的职业动机和职业思想。这是职业素养养成的前提。

故事分享

一位没有继承人的富豪死后将自己的一大笔遗产赠送给一位远房的亲戚，这位亲戚是一个常年靠乞讨为生的乞丐。这名继承遗产的乞丐立即摇身一变，成了百万富翁。新闻记者便来采访这名幸运的乞丐："你继承了遗产之后，你想做的第一件事是什么?"乞丐回答说："我要买一个好一点儿的碗和一根结实的木棍，这样我以后出去讨饭时方便一些。"

可见，习惯对我们有着巨大的影响，因为它是一贯的，在不知不觉中，长年累月地影响着我们的行为，影响着我们的效率，左右着我们的成败。一个人一天的行为中，大约只有5%是属于非习惯性的，而剩下的95%的行为都是习惯性的。即便是打破常规的创新，最终也可以演变成为习惯性的创新。

根据行为心理学的研究结果：3周以上的重复会形成习惯；3个月以上的重复会形成稳定的习惯，即同一个动作，重复3周就会变成习惯性动作，形成稳定的习惯。

2. 养成良好的习惯

第一，尊重与欣赏老师的习惯。

亲其师，信其道。一个学生同时面对的各学科教师，长短不齐，在所难免。所以学生要学习好，除了老师要努力提高能力水平，适应学生外，学生更要尊重老师，适应老师，并学会欣赏自己的老师。不同层次的老师，学生用不同的方式，眼睛向内、提高自我的方式去适应，与老师共同进步。从现在起适应老师，长大了适应社会。不会稍不如意就埋怨环境。

第二，自学预习的习惯。

自学是获取知识的主要途径。就学习过程而言，教师只是引路人，学生是学习的真正主体。学习中的大量问题，主要是学生自己去解决。

阅读是自学的一种主要形式，通过阅读教科书，可以独立领会知识，把握概念的本质内涵，分析知识前后联系，反复推敲，理解教材，深化知识，形成能力。学习层次越高，自学的意义越重要。目前我国的高考为选拔有学习潜能的学生，对考生的自学能力有较高的要求。

提前预习是培养自主学习精神和自学能力，提高听课效率的重要途径。

提前预习教材，自主查找资料，研究新知识的要点和重点，发现疑难，从而可以在课堂上重点解决，掌握听课的主动权，使听课具有针对性。

第三，认真观察，积极思考的习惯。

对客观事物的观察，是获取知识最基本的途径，也是认识客观事物的基本环节。因此，观察被称为学习的“门户”和打开智慧的“天窗”。每一位同学都应当学会观察，逐步养成观察意识，学会恰当的观察方法，养成良好的观察习惯，培养敏锐的观察能力。

“观察”这两个字有两层意思。“观”是看的意思，“察”是想的意思，看了不想，不是真正的观察，对认识客观事物毫无意义。要做到观察和思考有机结合，要善于提出问题，要积极思考在学习过程中碰到的问题，积极思考教师和同学提出的问题，通过大脑进行信息加工，总结得出事物的一般规律和特征。

我们观察事物，提出问题，思考问题，回答问题，一般要求达到：有根据、有条理、符合逻辑。

第四，善于提问、切磋的习惯。

学生要善于提出问题，带着知识疑点问老师、问同学、问家长。学问、学问，学习就要开口问，不懂装懂最终会害自己，提问是主动学习的表现，能提出问题的学生是学习能力最强的学生，是具有创新精神的学生。

《学记》上讲“独学而无友，则孤陋而寡闻，”同学之间的学习交流和思想交流是十分重要的，遇到问题要互帮互助，展开讨论。每一个人都必须努力吸取别人的优点，弥补自己的不足，像蜜蜂似的，不断吸取群芳精华，经过反复加工，酿造知识精华。

二、了解企业文化，强化职业意识

案例分析

尽责的建筑设计师事务所

武汉市鄱阳街有一座建于1917年的6层楼房，该楼的设计者是英国的一家建筑设计事务所。20世纪末，即那座叫作“景明大楼”的楼宇在漫漫岁月中度过了80个春秋后的某一天，它的设计者远隔万里，给该大楼的业主寄来一份函件。函件告知：景明大楼为本事务所在1917年所设计，设计使用年限为80年，现已超期服役，敬请业主注意。

80年前盖的楼房，不要说设计者，连当年施工的人，也不会有一个在世了吧？然而，至今竟然还有人为它的安危操心！操这份心的，竟然是它的最初设计者，一个异国的建筑设计事务所！

问题：

你如何看待这样的一家设计事务所？

1. 企业文化含义

企业文化，是指在企业经营活动中逐步形成的一种为全体员工所认同、遵守的价值观、经营准则、精神风貌、道德规范、规章制度、发展目标等总和。

企业文化的重点是企业价值观、企业理念和行为方式的塑造，是企业生存与发展的指导思想，其中共同的价值观是企业文化的核心，为企业全体员工提供共同的思想意识、精神信仰和日常行为准则。

2. 企业文化作用

企业文化对企业而言，能够增强企业的核心竞争力，提升企业的经营业绩。对员工而言，增强员工对企业的认同感，形成与企业一致的工作目的和工作目标，大大提高工作效率。具体而言，企业文化在企业日常经营活动中主要发挥着四个方面的作用。

第一，导向作用。企业文化集中反映了员工的共同价值观、理念和共同利益，对每个员工都具有强大的感召力，通过经营哲学、价值观念的指引，可把员工的思想、行为引导到实现企业目标上来。

第二，凝聚作用。企业文化通过共同的价值观，使员工产生对工作的责任感、自豪感和使命感，增强员工对集团的认同感和归属感。企业文化以人为本，尊重人的感情，从而在企业中形成了一种团结友爱、相互信任的和睦气氛，强化了团体意识，使企业职工之间形成强大的凝聚力和向心力。

第三，激励作用。在一种“人人受重视、个个被尊重”的企业文化氛围下，员工的贡献就会及时受到肯定、赞赏和奖励，企业宗旨和经营理念也会成为良好的激励标尺。当企业文化在社会上产生影响时，员工会产生强烈的荣誉感和自豪感，他们会加倍努力，用自己的实际行动去维护企业的荣誉和形象。

第四，约束作用。企业的愿景、价值观能够以无形的、非正式的、非强制的方式，对员工的思想和行为进行约束。企业制度是企业文化的组成部分之一，作为企业内部的法规，领导和员工必须遵守和执行。

中职生在企业实习，通过项目、工作室式的实战，以及顶岗实习的热身，实现与用人单位或职业岗位的零距离接触，认识和学习企业文化，强化职业意识和习惯，提高职业竞争力。这既有利于毕业生尽快适应企业环境，缩短与职业人的差距，也是中职生提升自己的职业素养和能力不可或缺的重要途径。

三、“打铁还需自身硬”——职业素养培养从自身职业技能开始

1. 扎实的专业知识

专业知识是中职生必备的知识，专业理论知识是专业技能的根基。不同专业的知识要求也不同，但核心专业知识是获得关键能力的前提。例如，机电一体化专业课程中的PLC、机床电气控制、数控加工技术等是本专业核心课程。所以我们在强调公共基础课程学习的同时，对核心专业知识的教学决不能松懈，要改革传统的教学方法和手段。例如，引进项目课程、理实一体化教学等。应抛弃理论教学仅仅停留于课堂，否则学生就不能学到扎实的专业知识。

2. 灵活的思维能力

思维是人脑借助于语言对客观事物的本质和规律的间接概括的反映，它能把握事物本质，达到推知过去、预见未来的目的。中职生思维能力培养应抓住以下几点：

(1)善于发现问题并提出问题，是思维能力的体现。有教学就有思维，有思维就会有思维能力的构建。课堂教学中，教师要引导学生主动思考，

教会学生怎样有效地思考；专业训练中，思维能力的培养显得更重要，因为实践训练需要更多的思考。教师要把握学生思考动机，把握兴趣与愿望，引导他们积极思考哪些问题最有效，对最有价值的问题要追而不放。经常训练之后，学生思路必然开阔，掌握知识的能力增强，思维能力得以提升。

(2)培养思维的灵活性。在教学中应从培养学生思维的高度去组织和实施。尤其在专业课程教学或实训中，这种能力的养成很关键。俗话说，思路决定出路，如果思维没有灵活性，就不能真正掌握专业技术。当然，学生的智力存在一定的差异，要让每一位学生的思维得到“运动”，就要求教师坚持因材施教，分层教学，把握每个项目的难易程度，加强分类指导，使不同学生的思维有不同层次的提高。

(3)发展创造性思维。创造性思维是思维的高级阶段。对那些具有强烈求知欲和好奇心的中职生，应为他们提供发展创造性思维的平台。如指导他们参加“技能大赛”“创新大赛”等各级各类比赛，这些学生在集训过程中，能大胆释放思维的火花，思路变得流畅，学会探索，专业能力与创新能力同时长进，特长、个性与才能得以充分展示。

3. 过硬的专业能力

专业技能是中职生就业、创业的必备条件，也是提升职业素养的关键要素。职业素养是从事职业的劳动者所应具备的一种综合能力和素质，包括职业能力、职业道德、职业意识和职业态度等。这些因素中，除了必备的“一技之长”外，更重要的是责任心，法治观念，质量意识，组织纪律性等；与他人沟通合作的能力、承受挫折的能力、富有集体荣誉感和团队精神；富有自信心，勇于承担风险，具有健康的心理素质和坚韧的意志品质；具有学习能力，保持进取心，具有开拓创新精神等。

中职生提升综合素质的内在动力是我们自己，要强化成才意识和成人意识。要把旺盛的生命力用在对外部世界的了解和认识上，用积极进取、求真务实的科学精神去探求科学的、社会的、人生的奥秘；用真实的人生去体会，去了解新生事物、探讨新问题及寻找解决问题的新方法；用脑、用眼、用心去观察，去分析；坚守诚实守信、实事求是、谨慎仔细、严格负责、扎实进取、勇敢无畏的人生态度，满怀信心地去面对未来的世界。

应知应会

一、填空题

1. ________是人类在社会活动中需要遵守的行为规范。

2. 在分析一个人职业素养的时候，通常把________(包括职业思想、职业________)与职业________的比例以65∶35进行分配，是合理的比例关系。

3. 影响和制约职业素质的因素很多，主要包括：________、实践经验、________、________以及自身的一些基本情况(如身体状况等)。

4. 职业素养的基本特征是________、________、________、________、________。

5. 中职生的职业素养由________和隐性职业素养共同构成。

6. 职业素养培养从自身职业技能开始，中职生自身应具备________能力、扎实的________、灵活的________、过硬的________。

二、简答题

1. 中职生应该具备怎样的职业素养？结合自身实际谈谈。

2. 职业素养的基本特征。

三、论述题

中职生如何提升自己的职业素养？具体方法是什么？

第五章

了解就业政策

学习导航

- 了解当前我国的就业制度
- 知道国家及地方关于中职毕业生的就业政策
- 了解职业学校毕业生的就业优势
- 上中等职业教育学校的好处

第一节　当前我国的就业制度

一、我国主要的几种就业制度

1. 劳动合同制度

中国的劳动合同制度从20世纪80年代中期开始试点，在90年代得到大力推行，至今已在城镇各类企业中广泛实施。

中国的法律规定，用人单位与劳动者依法建立劳动关系，应当书面订立有固定期限、无固定期限或以完成一定的工作为期限的劳动合同；在订立劳动合同过程中，劳动关系双方必须遵循平等自愿、协商一致的原则。实行劳动合同制度，明确了劳动者与用人单位双方的权利和义务，保障了劳动者择业自主权和用人单位的用人自主权。劳动合同法律制度，是通过平等自愿、协商一致的原则，确立劳动者与用人单位之间稳定和谐劳动关系的制度；是通过劳动合同明确双方权利和义务，保护双方合法权益的制度。劳动合同制度的建立，从源头上规范企业用工行为。

劳动合同制度是劳动社会保障工作的基础。通过劳动合同制度，来保护劳动者和用人单位双方的合法权益，调整好劳动关系，加强企业管理，提高劳动者的生产积极性，促进经济发展和社会进步的事实越来越被人们所肯定。为此，各级政府要重视劳动合同工作，把它纳入政府工作的重要议程。劳动保障部门更应对劳动合同工作给予高度重视，充分认识劳动合同制度在整个劳动和社会保障工作中的地位和作用，统一思想，集中精力，全力以赴地实施劳动合同制度。

相关链接

劳动合同制度的重要作用

1. 实行劳动合同制度可以促进劳动力资源的合理配置。

长期以来，我国实行的是以固定工为主的用工制度。由于需求单位没有录用职工的自主权，只有按国家规定的指标安置职工的义务，就业者就无法选择最适合自己条件的就业岗位。使得用人单位不可能根据生产的情况与市场的变化调配劳动力数量，也使劳动者个人不能做到人尽其才，造成劳动力资源不能合理配置，导致经济效益差。但是，如果实行了劳动合同制度，就能够消除旧的用工制度的弊端，使用人单位真正行使了劳动用人自主权，它可以根据市场情况与企业发展的需要，选择录用劳动者，并与劳动者签订有限期的劳动合同，灵活地变动职工的数量和结构，同时，劳动者也有了选择职业的自主权，可以根据市场需求情况与自身条件选择事业，从而使劳动力资源得到合理配置。

2. 建立劳动合同制度可以增强劳动者的竞争意识和促进劳动者自身素质的提高。

长期以来，我国实行固定工制度，只要工作指标下达，不管劳动者是否具有适应生产力发展需要的劳动能力，只要到了一定年龄就可就业。到了某个经济组织就业后，即使单位不需要，也只能养着不能辞退。而且劳动者成为固定工后，不管他的态度好坏，技术水平高低用人单位都一用到底，这就是人们常说的“铁饭碗”。这种缺乏竞争机制的劳动用工制度阻碍了劳动者的积极性、主动性、创造性的发挥，不利于劳动者自身素质的提高。而建立劳动合同制度，就解决了固定工制度的这个弊端，即用人单位与劳动者择优录用、择业选优都必须通过市场机制加以实现，这必然增强劳动者的竞争意识，促进劳动者自身素质的提高。

3. 实行劳动合同制度有利于调动劳动者的积极性和创造性。

因为用人单位在与劳动者订立劳动合同时，便将有关劳动者利益的内容(如劳动报酬、劳动保护、劳动条件、其他福利待遇等)，与本单位的经营状况紧密挂钩，使职工在上岗前就明确地知道企业与职工之间的关系。这就增强了职工的主人翁责任感，极大地调动了劳动者的积极性和创造性。

4. 实行劳动合同制度是维护劳动者的合法权利与义务，体现劳动者主人翁地位的法律保障。

劳动合同是劳动者实现劳动权利和履行劳动义务的一种重要的法律形式。劳动者与用人单位签订劳动合同后，就意味着劳动者自身应该享有的劳动权利和应该履行的劳动义务都被纳入了国家法律管理和保护的体系中，便得劳动者在尽职尽责地履行义务的前提下，其各项合法权益均得到了切实的保护。

2. 人事代理制度

毕业生办理人事代理手续其实很简单，可委托国家正规人才交流服务中心代理档案工龄计算、档案工资调整、干部身份确认、职称认定和评审、保险金缴纳等。毕业生就业一年经考核合格转正定级后，可以办理调动手续、申报职称等。人事代理部门还负责为委托代理人出具与其档案有关的各类证明材料。

在我国，人事代理是指经组织人事部门批准或授权指定的人才服务机构，受单位和个人委托，运用社会服务方式和现代化手段，按相关的法律和政策规定，为“三资企业”、民办科技机构、民营企业、乡镇企业等无主管单位、不具备人事管理权限的非国有企业事业单位，要求委托人事代理的其他企事业单位、自费出国和以辞职等方式流动后尚未落实单位的专业技术人员和管理人员提供人事档案保管或有关人事方面的代理服务工作。简单地说，就是把“单位人”变成“社会人”，实现人事关系管理与人员使用分离。即单位管用人，而一些具体的人事管理工作，如档案管理、计算工龄、评定职称、社会保险等，由人才交流中心代管。

人事代理的服务内容主要有以下几个方面。

第一，负责被代理人的人事档案的收集、整理、保管、利用等工作。

第二，确认被代理人的身份，出具有关证明。

第三，负责办理失业、养老等社会保险事务，并为其代办住房公积金。

第四，建立被代理人员党组织，接转党组织关系。

第五，开展被代理人员岗位及专业技能培训。

第六，提供信息咨询服务，包括人事政策咨询、人才供求关系信息、市场统计信息、人才薪酬信息等。

3. 职业资格证书制度

2000 年 3 月，国家劳动和社会保障部令第 6 号《关于实行技师聘任制的暂行规定》明确规定，国家实行职业资格证书制度，实行先培训后上岗的就业制度；同时规定用人单位招用从事技术复杂以及涉及国家财产、人民生命安全和消费者利益工种的劳动者，必须从取得相应职业资格证书的人员中录用。

职业资格证书是职业标准在社会劳动者身上的体现和定位，是劳动者具备和达到某一职业所要求的知识和技能标准的认证，分为从业资格证书和职业资格证书。

职业资格证书制度是劳动就业制度的一项主要内容，也是一种特殊的国家考试制度。它是指按照国家规定的职业技能标准或任职资格条件，通过政府认定的考核鉴定机构，对劳动者的职业技能或职业资格进行客观公正、科学规范的评价和鉴定，对合格者授予相应的国家职业资格证书。

从业资格证书是建立在从业资格确认的基础上。从业资格确认工作由各省、自治区、直辖市人事部门会同当地业务主管部门组织实施，通过学历认定或考试取得，具备下列条件之一者，可确认其从业资格。

第一，具有本专业中专以上学历，见习一年期满，经单位考核合格者。

第二，按国家有关规定已担任本专业初级专业技术职务或通过专业技术资格考试取得初级职称资格，经单位考核合格者。

第三，在本专业岗位工作，经国家或其授权部门组织的从业资格考试合格。

二、就业协议与政策

1. 毕业生就业协议书

就业协议与劳动合同是用人单位录用毕业生时所订立的书面协议，但两者分处于两个相互联系的不同阶段，表现在：

(1)毕业生就业协议是在毕业生在校时，由学校参与见证的，与用人单位协商签订的，是编制毕业生就业计划方案和毕业生派遣的依据。劳动合同是毕业生与用人单位明确劳动关系中的权利义务的协议，学校不是劳动合同的主体，也不是劳动合同的见证方。劳动合同是毕业生上岗从事何种岗位、享受何种待遇等权利和义务的依据。

(2)毕业生就业协议的内容主要是毕业生如实介绍自身情况，并表示愿意到用人单位就业，用人单位表示愿意接收毕业生，学校同意推荐毕业生并列入就业计划并进行派遣。劳动合同的内容涉及劳动报酬、劳动保护、工作内容、劳动纪律方方面面，更为具体，劳动权利义务更为明确。

(3)一般来说就业协议签订在前，劳动合同订立在后。如果毕业生与用人单位就工资待遇、住房等有事先约定，亦可在就业协议备注条款中予以注明，日后订立劳动合同对此内容应予认可。

(4)就业协议是毕业生和用人单位关于将来就业意向的初步约定，对于双方的基本条件以及即将签订劳动合同的部分基本内容大体认可，并经用人单位的上级主管部门和高校就业部门同意和见证，一经毕业生、用人单位、学校、用人单位主管部门签字盖章，即具有一定的法律效应，是编制毕业生的就业计划和将来可能发生违约情况时的判断依据。

2. 中职毕业生就业政策

中职毕业生就业政策摘录

由于国家没有统一出台专门针对中职生的就业政策，各省、市对中职毕业生的就业政策也不尽相同，但基本原则和措施是一致的。一般来说，包括以下七个方面：

(1)中职毕业生就业办法有何规定？

毕业前已落实单位并签订就业协议的毕业生，毕业后持毕业证、报到证、就业协议书和户口迁移证等证件到毕业生就业主管部门(人才服务中心)办理就业手续；未落实就业单位的毕业生，根据本人意愿，可将户口、档案免费保留在学校两年，也可直接转回生源所在地。毕业生在三年择业期内落实就业单位后，由人才服务中心为其办理就业手续。

(2)应届毕业生在就业报到登记时应注意哪些问题？

应届毕业生报到登记时间通常为每年的 7 月中旬开始。毕业前已与有关单位签订就业协议的毕业生，将报到证、毕业证、户口迁移证、就业协议书交给单位，在毕业后三个月内到省、市人才服务中心办理就业手续；未落实就业单位的毕业生到省、市人才服务中心办理求职登记手续。

(3)毕业生报到证有什么作用？

毕业生报到证作为普通大中专院校毕业生身份(干部身份)的证明存入档案。普通高等学校派遣毕业生，必须使用全国统一规定的、由地方主管毕业生就业部门签发的毕业生就业报到证，即《全国普通高等学校毕业生就业报到证》。普通中等专业学校毕业生，使用全省统一规定的，由地方主管毕业生就业部门签发的毕业生就业报到证。用人单位一律凭报到证接收毕业生。毕业生改派时，按报到证签发后向改派单位报到。

(4)用人单位接收应届毕业生后应为其办理哪些手续？

外商投资企业、个体民营经济等非公有制企业单位接收毕业生，应到人才服务中心办理人事代理手续，即接收的毕业生的档案、人事关系委托人才服务中心代理；国有企业单位接收毕业生，由单位出具接收证明，到毕业生就业主管部门(人才服务中心)办理相关手续。

单位应在应届毕业生毕业三个月内，持毕业生的报到证、毕业证、就业协议书及户口迁移证到人才服务中心为毕业生办理就业手续。

用人单位档案管理部门和毕业生可在毕业生就业手续办理后三个月内到人社局档案管理科查询档案。也可在网上查询。

毕业生自办理就业手续之日起实行见习期一年。毕业生在见习期要求更换工作单位，按毕业生调整改派处理。毕业生见习期满后，由用人单位到人才服务中心为毕业生办理转正定级手续。毕业生转正定级后，调换工作单位不再办理毕业生调整改派手续，按在职人员调动处理。

(5)毕业生如何办理落户手续?

已就业的毕业生，户口可迁入工作单位集体户，也可落入父母家庭户；未就业的毕业生，户口迁入父母家庭户，就业后也可将户口迁移到工作单位。具体办法为：毕业生持落户材料到公安机关户籍管理部门办理落户手续。

(6)毕业生就业见习期限是如何规定的?

国家规定，普通大中专学校毕业生就业后实行一年的见习期。见习期满，经考核合格，给予办理转正定级手续。考核不合格的毕业生，经所在单位讨论，报毕业生就业主管部门(人才服务中心)批准，可延长见习期半年至一年，并通知本人。延长期结束时，仍达不到要求的，不再延长见习期，可将工资待遇按毕业生转正工资标准低定一级。毕业生在见习期间，不得擅自离岗或辞职。用人单位也不得随意延长毕业生的试用期、见习期，不得以任何理由向毕业生收取就业保证金、风险抵押金、培训费等不合理费用。

(7)毕业生如何办理改派手续?

情形一——毕业生由外地改派到××市单位工作：毕业生与我市用人单位签订就业协议，报××市毕业生就业主管部门(人才服务中心)鉴证同意后出具接收函，毕业生凭接收函到原单位所在地毕业生就业主管部门办理改派手续后，再到××市人才服务中心办理就业手续。

情形二——由××市改派到外地单位工作：毕业生持外地毕业生就业主管部门的接收函、××市原接收单位同意解除就业协议的书面证明，到××市人才服务中心办理改派手续。

情形三——××市市内单位改派的，毕业生持与新就业单位签订的就业协议、原单位同意解除协议的书面证明，到××市人才服务中心办理改派手续。

情形四——未就业毕业生在规定派遣期(3 年)内享受改派政策，需改派到外地就业的毕业生，凭当地人事或档案代理机关出具的接收函以及毕业生报到证，到市人才服务中心办理改派手续。

情形五——自毕业生就业之日起超过一年不再办理毕业生调整改派手续。

故事分享

中等职业学校幼师专业的小丽，想在珠江三角洲工作。她知道，来自农村的自己，要想留在城市可不是一件容易的事。一些有“背景”的同学可以靠家里帮忙，可自己的就业问题只能靠自己去解决。

在进入二年级下学期后，小丽就开始通过查报刊、上网搜索等方式留意就业政策，特别关注珠江三角洲一带的就业信息，还参加各类供需见面会，摸情况、查行情。小丽从就业信息和政策中看到了光明，树立了信心，调整了自己的职业生涯规划，把成为一名优秀幼儿教师作为职业生涯发展目标。在结束二年级的学习之后，她拿着学校开具的实习介绍信、自荐材料和自己获得的种种证书、奖状，到一些幼儿园上门自荐。她以音、体、美“小三门”的表演开路，再加上发音准确的普通话和英语，让园长表示实习结束后立即正式录用她。

她就业不是“门当户对找婆家”，更不是“磕头作揖求婆家”而是“居高临下选婆家”，让同学们很羡慕，纷纷请她介绍经验。小丽说：“学好本领是基础，就业信息是机遇，就业政策是法宝，主动出击是诀窍。”

问题：

小丽为什么能“居高临下选婆家”？

第二节　上中等职业教育学校的好处

一、国家高度重视发展中等职业教育

1. 大力发展职业教育是国家重要方针

大力发展职业教育是党和政府一直坚持的重要方针。优化教育结构，促进义务教育均衡发展，加快普及高中阶段教育，大力发展职业教育，提高高等教育质量。大力发展职业教育的主要理由有三个方面。

第一，是经济发展的需要。经济发展需要数以亿计的高素质的劳动者，数以千万计的各方面的专门人才，特别是中初级的专门人才。这是第一个理由，任何国家都是如此。

第二，是社会发展的需要。人们对于教育的需求是多方面、多样化的。接受职业教育的学生绝大部分来自农村和城市中低收入的家庭，他们来自最广泛的普通老百姓家庭。从社会的发展，从构建和谐社会的角度，也应该很好地发展这一块教育。这涉及如何关注民生、关注老百姓生活、关注老百姓子女的问题。

第三，是教育发展的需要。党的二十大报告提出：统筹职业教育、高等教育、继续教育协同创新，推进职普融通、产教融合、科教融汇，优化职业教育类型定位。加强基础学科、新兴学科、交叉学科建设，加快建设中国特色、世界一流的大学和优势学科。引导规范民办教育发展。加大国家通用语言文字推广力度。

2. 把职业教育摆到更突出、更重要的位置

党和国家历来高度重视职业教育，要求在整个教育结构和教育布局当中，必须把职业教育摆到更加突出、更加重要的位置。全国教育工作会议上，中央再次强调，要大力发展职业教育，加快发展面向农村的职业教育，着力培养学生的职业道德、职业技能、就业创业能力；职业教育是面向人

人、面向整个社会的教育，根本目的是让人学会技能和本领，能够就业，成为有用之才；发展职业教育，使人们能够掌握一定的专业技术，顺利实现就业，摆脱贫困，从而过上有尊严的生活，这是促进社会公平、实现社会和谐的有效途径。会议要求，要把职业教育纳入经济社会发展规划，促进职业教育在规模、专业设置上与经济社会发展需求相适应；要完善支持职业教育发展的政策，动员全社会力量兴办职业教育。中央领导同志明确要求，要制订具体措施，确立目标，分步实施，不断完善体制、机制和改革措施，使职业教育的质量、规模、结构适应经济、社会发展要求，发挥更大作用。中共中央、国务院印发的《国家中长期教育改革和发展规划纲要(2010—2020年)》明确了新时期职业教育的发展方向、目标任务和政策措施。

百年大计，教育为本；国运兴衰，系于教育。当今世界，各个国家和地区之间日趋激烈的竞争，归根结底是人才的竞争。发达国家的实践表明，工业化进程一刻也离不开职业教育的改革发展和技能型人才的有力支撑。中国正处于加快推进社会主义现代化的关键时期，工业化、信息化、城镇化、市场化、国际化加快发展，转变经济发展方式，改造传统产业，振兴战略性新兴产业，推动经济结构调整和产业升级，特别是发展现代农业、先进制造业和现代服务业，同样迫切需要培养数量充足、结构合理的高素质劳动者和技能型人才。大力发展职业教育，既是当务之急，又是长远大计。

中等职业教育是我国职业教育的重要组成部分。大力发展中等职业教育是加快普及高中阶段教育，提高全民族文化知识、实践技能和创新能力等综合素养，输送国家产业建设大军新生力量的基础工程；是促进就业、改善民生、解决“三农”问题的重要途径；是缓解劳动力结构矛盾的关键环节。

近年来，党中央、国务院实施了一系列重大举措，不断改善政策环境、制度环境和社会环境，推动中等职业教育改革发展取得历史性成就。2009年又启动实施了中等职业教育免学费政策，中等职业教育在经济社会发展大局和教育工作全局中的重要地位更加凸显，进一步体现了中央的新期望。

中等职业教育的改革发展迎来了前所未有的重大机遇。

二、上中等职业学校的优势

1. 企业对人才需求的认识日趋成熟

企业对人才需求的认识不再像过去那样盲目追求高学历或低工资，而是根据企业不同层次的岗位选择不同层次的人才。近几年，在就业形势日益严峻的情况下，社会上却流传着这样一句话：本科生就业不如高职生，高职生就业不如中职生。

某市职业介绍中心负责人在接受记者采访时，就企业最需要什么类型的人才这一问题回答说，目前中小企业对技术研发人员、生产制造人员、财务人员、产品营销人员、第三产业人员等都有大量的需求，外资企业也急需大量本土化管理人员。企业对人才的需求偏重技术型、技能型。人才市场上甚至一度出现过高薪难觅技术人才、高级电焊工的工资待遇超过博士生的现象。

为什么职业学校的毕业生容易获得就业机会呢？这位职业介绍中心负责人的话指出了一个重要原因：企业对人才的需求偏重于技术型、技能型。而中等职业教育培养的正是符合企业需求的技能型人才。

2. 中职教育以就业为导向——最大的优势

中等职业教育的特色之一就是职业技能教育。在绝大多数中等职业学校都有着先进而完善的学习实验场所，为学生的技能训练提供了良好的条件；学校的教育计划一般都按1∶1的比例来安排理论教学和技能训练的时间；同时，自上而下各级教育部门定期或不定期举办中等职业学校学生技能大赛，也激发了广大中职生苦练技能的热情。

中等职业学校学生就业优势不仅取决于学生自身具有较高的职业素质和较强的职业技能，还得益于中等职业学校普遍确立了以就业为导向的职业教育理念，把使学生“好就业、就好业”作为学校工作的重点环节来抓，建立了日益完善的就业指导服务体系，积极主动地为毕业生联系就业岗位。不少中等职业学校在招生时就向学生做出确保就业的承诺。近年来，不少中等职业学校积极开展校企合作办学，在企业建立实习——就业基地，使学生在第三学年实习阶段到基地企业顶岗实习，如果学生实习期间表现良好，企业需要，毕业时就签订就业协议，成为企业正式员工。也有不少中等职业学校根据企业的用人需求与企业签订“订单”培养协议，按企业的用人计划招生，按企业的用人标准培养，学生毕业后直接输送到签订协议的企业就业。学生入学就意味着就业……所有这些都大大增强了中等职业学校学生的就业优势。

中国有句老话，叫作“一招鲜，吃遍天”。摩托罗拉公司的创始人保罗·盖尔文也说过一句话：“把一个简简单单的招式练到极致，就成了威力无穷的绝招。”这道出了职业学校的优势所在。

故事分享

小华同学之所以能够顺利就业，并且在工作岗位上做出了不凡的成绩，是因为他拥有娴熟的职业技能。他的技能优势不仅使他在就业竞争中胜出，而且使他在职业生涯中也成为行业的佼佼者。

小华同学十分羡慕能在大型会议上同步打字的速录师们，在报考中等职业学校时他选择了速录专业。在三年的学习过程中，他苦练速录技能，不但正常学习训练时间能很好地利用，就是课余时间、节假日也见缝插针地练习。在苦练速录技能的同时，他还时时提醒自己，一个优秀的速录人员也要具备秘书的能力。于是，他努力学习了很多与文秘有关的知识，重视培养自己的综合能力和整体素质。毕业前夕，某事业单位招聘文秘人员，小华同学积极应聘，踏实的工作态度和优异的速录成绩使他从众多的应聘者中脱颖而出，顺利被该单位录用，成为一名真正的速录师。

在工作单位的速录师岗位上，小华技术越来越娴熟，在同行中的名气越来越大，两年后在全省速录技能大师比赛中他勇夺桂冠，被省人大委员会调到秘书处，专门为省人大常委会的重要会议和省人大常务委员会领导接待客人时做速录，经常受到领导表扬。

问题：

小华为什么比较容易被单位录用？

你所在学校经常举行哪些类型的职业技能大赛？

应知应会

一、填空题

1. 中国的劳动合同制度从 20 世纪______年代中期开始试点，______年代得到大力推行，至今已在城镇各类企业中广泛实施。

2. 在订立劳动合同过程中，劳动关系双方必须遵循________、______的原则。

3. 在我国，人事代理是指经组织人事部门________或________的人才服务机构，受单位和个人委托，运用________方式和现代化手段。

4. 职业资格证书是职业标准在社会劳动者身上的体现和定位，是劳动者具有和达到某一职业所要求的知识和技能标准的认证，分为________和职业资格证书。

二、简答题

1. 中等职业学校毕业生就业供不应求的原因。

2. 劳动合同制的作用。

3. 职业资格证书具备哪些条件可确认从业资格？

三、论述题

1. 分析中职生未来的就业形势。

2. 试述上中等职业学校的好处有哪些。

第六章

求职准备与技巧

学习导航

- 了解求职时应该注意的事项
- 学会就业信息的收集、处理和应用
- 知道如何准备求职资料
- 学会制作求职简历
- 懂得求职中的一些技巧

生活是不公平的，你要去适应它。这个世界并不会在意一个人的自尊，而是要求每个人在自我感觉良好之前先有所成就。或许你所在的学校已经不再分优等生和劣等生，但生活却并不如此。当学校已经没有了“不及格”的概念，学校会不断地给你机会让你进步，然而现实生活完全不是这样。没有几位老板乐于帮你发现自我，你必须依靠自己。

第一节 收集、筛选求职信息

一、收集求职信息

1. 明确自己需要的求职信息

社会用工需求状况信息。包括区域需求、行业或工种需求等。从区域需求来讲，包括国内用工需求和国外用工需求。国内用工需求主要包括沿海地区、中西部地区和本地。了解这些信息后方能确定自己的就业方向。从行业或工种需求状况来讲，主要根据自己所学习专业或掌握的技能情况来确定求职的行业或工种，如果求职难度较大，可以考虑相近或有一定联系的专业或工种。

企业信息。拟求职的企业的性质、招聘条件、薪资待遇等。

交通信息。航班、火车、汽车、轮船等的班次、价格等。

第三方信息。通过他人，特别是企业员工对企业各方面的评价，这是最真实、有效的信息。

2. 掌握求职信息的途径

信息源是指产生和持有信息的个人、机构或负载信息的载体，产生信息或为了传递信息而持有信息的系统。就业信息的来源很多，就目前而言，求职者获得职业信息的途径主要有以下几个方面。

第一，学校主管部门。

从目前就业机制看，学校是连接毕业生与社会的桥梁。学校的毕业生就业指导部门既与各级主管毕业生就业工作的部门和社会各界间保持着广泛而密切的联系，每年都会及时向有关劳动和人事部门及用人单位发函征集用人信息；同时，经过多年的工作实践，学校与有关单位建立了长期的协作关系，每年都会为毕业生提供大量就业信息，成为用人单位选拔毕业生所依据的一个主要窗口。这一特殊性使它对就业信息的占有量大于其他任何一个部门，同时其掌握信息的准确性、权威性也是无可比拟的，全国各地各行业的就业政策，在它这里都有较完整的收集；校内主管部门发布的需求信息，多为用人单位直接对学校的专业设置而来，有很强的可信度，是主要的信息来源。

第二，各地人才交流中心。

各省、市、区大多建立了人才交流中心、各类劳务市场和就业咨询机构，这是横向搜集信息的主渠道。人才交流中心的主要任务是收集、发布人才供求信息，办理人才交流登记，为用人单位招聘人才和个人求职做好中介服务和管理工作。人才交流中心由地方政府职能部门负责管理，其服务比较规范，通过它获得的信息会比较准确，就业的成功率较高。

第三，各种传播媒介。

在传媒业高速发展的今天，通过报刊、广播、电视、网络等媒介获取信息，已经成为一种较有效的途径。越来越多的报纸杂志、电视栏目关注就业，关注中职生就业。有些媒体还专门开辟了“人才市场分析”“择业指导”“政策咨询”等栏目，为人们的求职择业提供指导帮助。

第四，就业市场。

就业市场主要包括大中专毕业生就业市场、各地方主管部门兴办的各类人才市场、劳动力市场。就业市场会不断收集用人单位的需求信息，定期举办人才交流会。进入就业市场，不仅可以收集到有关的就业信息，了解到许多不同的机构和职位，而且为毕业生提供了极好的面试锻炼机会，通过与感兴趣的用人单位交流，也会获得许多意想不到的信息。

第五，社会实践和教学实习单位。

学校的社会实践和教学实习等活动与学生所学的专业知识紧密相连。社会实践、教学实习有利于毕业生开阔视野，还使他们有机会了解这些单位的需求信息和对毕业生的具体要求，并在实践过程中弥补自身的不足和改正缺点。这样获得的信息准确、可靠，毕业生与单位之间又有一定的沟通基础，故成功率较高。一些毕业生就是在实习中获得这种准确、有效的信息而顺利实现就业的。作为一名毕业生，尤其应当重视毕业实习，这也许会是通向成功就业大门的钥匙。

第六，各种社会关系。

在大多数情况下，有许多单位更愿意录用经人介绍或推荐的求职者，他们认为这样录用的人更可靠、更放心，所以在求职时，千万不要忽视有效地利用周围的亲朋好友等社会关系。家人、亲戚、朋友、老师、同学、校友甚至老乡等，如果能够为你提供就业信息，将是求职择业的一条捷径。

第七，计算机网络。

随着信息时代的到来，计算机网络的应用越来越普遍。通过网络资源获得就业信息是毕业生在信息时代搜集信息的一种高效、便利的途径。毕业生既可从各大网站查阅到职业需求信息，又可以将个人求职资料输入网络系统，供用人单位在招聘时参考和选择。目前，我国许多高校也建立了自己的毕业生就业信息网络，毕业生应当充分重视并利用这一资源。

第八，直接获取信息。

毕业生通过信函、电话或者直接到用人单位了解需求信息。这需要毕业生有“毛遂自荐”的意识，并且对自己的意向单位有大致的了解和预测。这种形式主动性强，获取的信息最准确及时，弊端在于费时费神，更要投入较多的费用。

相关链接

求职注意事项

1. 不能迟到，要稍微早十分钟左右到达指定的约会地点。

2. 做简单的自我介绍，让对方知道你的来意。

3. 诚实，这是每个人都应具备的美德，你也不能例外。

4. 个人仪表方面，衣着干净得体，不施重粉，不喷浓香水，举止大方得体，说话流畅且充满信心，声音既不能太小也不能太大。

5. 眼睛可看着对方的额头，面带微笑，千万不能冷板着脸或者大笑。

6. 切勿抽烟、嚼口香糖。

7. 在对方示意后坐下。

8. 关掉手机或者调成静音和振动。

9. 将个人物品，如自己的记事本、手机、烟或家里的钥匙等——放在随身携带的包里，不要拿出来，免得走时忘记带然后回来找，给人不沉稳和尴尬的感觉。

10. 被问及个人隐私而又不得不说时，你可以点到为止，不可和盘托出，给人沉稳的感觉。

11. 学会倾听和提问，语速不缓不急，思路清晰。

12. 携带个人证明文件，如个人简历和学历证书的复印件。

13. 谈好报酬，明确劳动合同的相关事项，诸如工作时间、工作地点、和一些公司规章制度等。

合作探究

收集求职信息

1. 填写调查表。

将家长、亲朋等有过外出务工经历者或已经就业的学哥、学姐们获取求职信息的情况填入下表。

信息类型(名称)	信息来源	信息用途	信息可信度

2. 小组交流。每小组确定组长、记录员后，由组长组织本组同学交流分享，每位同学把自己还没调查到的情况记录下来。

3. 全班分享。每组推荐一名代表在全班做交流发言，前面小组讲到的后面小组不得重复讲。

4. 教师指导、总结。

收集将来需要的求职信息

根据自身实际，结合所学专业对应的职业岗位，把你认为将来对你有用的求职信息记录在下表中(以后收集到后分批填入，以便将来求职时选用)。

信息名称	用人单位	工种	单位地址、联系人、联系方式	招聘条件	薪资待遇	其他	信息来源

二、筛选、处理就业信息

1. 求职信息处理的必要性与方法

无论来自何种渠道的就业信息，它都是一种处于原始状态的信息资料。原始状态信息的真实性、准确性一般不太高，而且这些原始的就业信息大多是零星分散、相互孤立的，其完整性较差。信息处理不仅可以提高信息的真实性和准确性，而且可以使信息从零散走向有序，从彼此孤立走向系统完整，同时还能发现就业信息的缺失情况，以便及时补充。因而，在应用就业信息前对其进行处理是求职择业者必须进行的工作。

就业信息处理是指求职者在应用就业信息前对收集到的资料进行分类、编组，对资料内容的真实性进行分析、鉴别，并选择有益于求职择业的信息资料。一般情况下，就业信息的处理主要包括以下几方面：

第一，就业信息的分类、编组与审核。

就业信息的分类、编组是对收集到的第一手资料进行归纳、整理、分类。分类可以按不同的标准进行，一般可以根据就业信息的性质及内容分为就业政策和法律、人才需求情况、国家政治经济形势等几大类。也可按地域范围划分。就业信息的审核即对各类就业信息的内容进行审查、核实，以保证所收集到的信息资料真实、可靠。

第二，就业信息的选择。

信息选择决定着信息的使用价值，如果选择不当，必然直接影响信息的利用效果。选择就业信息时，要注意以下几方面：根据择业目标选择相关材料，即选择切合需要的信息；选择真实、准确的信息；选择新颖的材料；要善于开拓。

2. 就业信息的应用

人们收集就业信息的目的是应用。就业信息的应用得比较广泛，就业信息在求职择业活动中的应用主要有以下几方面：

第一，确定求职择业目标，选择就业岗位。

第二，明确应聘、求职程序。明确要采取什么样的自荐方式，掌握求职过程中面试的技巧，避免由于方法不当而造成择业障碍。

第三，了解职业发展概况、调整学习目标。

小贴士

错误、虚假、无用的就业信息对求职者有哪些危害？我们为什么要将收集到的就业信息进行必要的处理？

三、筛选目标岗位的方法

很多求职者的实践都证明，找工作时最难的不是看不到求职信息，而是面对太多的求职信息和渠道而不知该如何选择适合自己的岗位。针对这种情况，建议分三步走：

第一步：合理定位，明确目标。

在利用任何渠道找工作前，有两点需要先行考虑，一是自己想找什么样的工作；二是自己能够做什么样的工作。切忌抱着“我什么工作都可以干”的想法，这只能说明你对自己的求职没有做过仔细的思考和规划。如果抱着这样无所谓的态度去寻找工作，那任何一份工作对你来说都不会是好工作。

第二步：结合自身实际，明确渠道。

要寻找最适合自己的求职渠道。例如，想应聘销售岗位的同学可以多参加招聘会，通过现场招聘会与企业面对面交流的机会，将自己的表达能力和自我推销能力发挥到极致；而应聘设计类岗位的同学可以选择网络求职上，通过网络可以把自己的作品和简历一起发送给用人单位让他们鉴别；若觉得自身求职能力不足，又不善表达的，则可以通过公益性的职介机构接受专门指导。

第三步：运用技巧，事半功倍。

在找工作过程中有几项技巧是你必须学会的。首先要学会“看”岗位。现在很多中职生首先看的是工资待遇，其次看交通，然后看自己的学历匹配情况，最后可能再看看工作内容。

案例分析

记者问姚明今天的成就是不是因为你有一个身高的绝对优势？——“我的身高放在那里，我只是比较好地利用了这个工具，就像你有一台奔四的电脑就不会再去用奔二的，我放着2米多的身高优势不去用，那岂不是太无聊了，太浪费了。”

姚明有一句评价用在湖人身上很贴切——“人年轻的时候可以张狂一点，因为年轻人不怕犯错误，错了还有机会重来。老了就不行，错了就是错了，再也没有机会。”当有记者问到姚明怕不怕被新人超过时——“我不在乎起点有多高，最重要的是终点。”姚明对比赛的失利——“这就是比赛，像生活一样，没什么可以预料的。”

心理学家做过一个有趣的实验：旅游，分三组。第一组只说：跟我走，去哪里、有多远都不知道。第二组说明：跟我走，10千米远，走2小时。第三组说：跟我走，10千米远，每一千米有一个标志。

结果：第一组走了不到2千米就有人叫累了，“怎么还没到？”“究竟要到哪里去？”有人不想走了。第二组走了5千米也累了，心想“才走了一半呢”，意志低落，垂头丧气。第三组走了6千米也有人喊累了，但走到第8千米时，情绪开始高涨起来，因为马上快到了。走到第9千米的时候，胜利在望了，大家欢快地唱起歌来，几乎是跑步前进。

问题：

目标在人的生活中很重要，但如何树立一个目标？作为一个中职生，谈谈你的职业目标。

第二节　求职资料准备

一、了解求职需要的资料

求职需要的资料

求职所需资料如果按类型分，可分为证件类、资质类、文字类、荣誉类和其他类五大类；如果按办理地点的不同来分可分为本地办理资料和务工地办理资料两类。一般按前者进行分类。

第一，身份类

身份类证件包括身份证、健康证、婚育证明、退伍证等，这些都是证明求职者身份或相关状况的证件。

第二，资质类

毕业证书或学历证明书。学历证明书和毕业证书具有同等效力。学校出具学历证明书是一种行政确认行为，是学校的法定职责。毕业、结业、肄业证书和学位证书遗失或者损坏，经本人申请，学校核实后应当出具相应的证明书。证明书与原证书具有同等效力。

职业资格证书或技能等级证书。职业资格证书是表明劳动者具有从事某一职业所必备的学识和技能的证明。

小贴士

职业资格证书与职业劳动活动密切相关，反映特定职业的实际工作标准和规范。我国职业资格证书分为五个等级：初级（五级）、中级（四级）、高级（三级）、技师（二级）和高级技师（一级）。

第三，文字类

文字类资料是详细介绍个人各方面或突出某方面信息的重要资料，包括简历、求职信等，还有各种荣誉证书、获奖证书、发表的论文等，需要认真准备。

合作探究

调查了解求职需要的资料

1. 填写调查表。

请将课前调查的情况填写在下表中。

求职资料名称	资料用途	备注

2. 小组交流。每小组确定组长、记录员后，由班长组织同学交流求职需要的资料和因证件不齐导致的求职障碍案例，请把自己还没收集到的资料记录下来。

3. 全班分享。每小组推荐一名代表在全班做交流发言，前面小组讲到的后面小组不得重复。

4. 教师边补充完善边展示资料样本(复印件)。

5. 完善表格填写。

二、学习制作求职简历

1. 了解求职简历

每一个好的健身计划都会有一张表，说明你起步时的状态、现在的状态和你要达到的状态。在求职中，这张表就是简历！记住，你的简历相当于一份商品的产品说明书。它不能告诉别人所有的细节，但能引起别人的兴趣，抓住他们的目光。

求职简历唯一目的是得到一次面试的机会，面试目的是得到想要的工作，所以简历只要引起招聘者的兴趣，联系到你就够了。

2. 简历的功能

简历的真正作用是求职的敲门砖。

第一，它是你的“营销书”。

你的简历可能只在对方的视线内停留10秒钟，但明白这一点是很重要的。你一定要好好利用这10秒的时间。对方通常只看第一页的前几行，对于剩下的部分只是匆匆地扫一眼。简历的好坏，直接影响着你获得一份好工作的机会，甚至影响着你未来的职业发展计划。内容就是一切，所以简历一定要突出你的能力、成就以及经验，不仅要有漂亮的外表，而且要仔细展示你的能力并阐明你能胜任这份工作。

第二，它是你的“销售”工具。

你离开之后，经理一定会需要与他人讨论一下你的情况。此时，简历将为你代言，替你说服其他人录用你。

第三，它能为你的面试指明方向。

面试官很有可能会问到你强调的领域。我们每个人都有愿意多谈的话题和不愿意提及的事情。因此，一定要把这些写上：哪些是你完成得很好、很喜欢，而且希望有机会再次面对的事情；哪些是你从竞争对手中脱颖而出的领域；哪些是你希望把自己“出售”的同时能够引起“买方”注意的事情。

3. 简历的主要内容

一般来说，简历应包括四个部分。

第一部分为个人基本情况，应列出自己的姓名、性别、年龄、籍贯、政治面貌、学校、系别、专业、婚姻状况、健康状况、身高、爱好、兴趣、家庭住址、电话号码等。

第二部分为学历情况。应写明曾在某某学校、某某专业或学科学习，以及起止时间，并列出所学主要课程及学习成绩，在学校和班级所担任的职务，在校期间所获得的各种奖励和荣誉。

第三部分为工作经历。若有工作经验，最好详细列明，首先列出最近的资料，后详述曾工作过的单位、日期、职位、工作性质。

第四部分为求职意向。即求职目标或个人期望的工作职位，表明你通过求职希望得到什么样的工种、职位以及奋斗目标，可以和个人特长等合写在一起。

4. 简历的外观

简历的外观至关重要。简历必须打印清晰，布局合理，看起来有吸引力。要记住许多招聘者仅仅快速翻看简历的第一页。因此，不需精心安排内容的布局，而应把与工作有关的部分放在最显眼的地方。

写作求职简历要做到：(1)针对职位。可能求职者的资历非常丰富，但不要因此模糊个性和长处，如有必要可分别写作针对不同职位的求职简历；(2)突出优势。要通过突出自己的优势来推销自己，最好把最能展示自己优势的内容放在首页，以求醒目；(3)客观真实。求职简历所列内容务必实事求是，不能注水，任何虚假的内容都不要怀着侥幸心理写入求职简历；(4)简洁表述。避免使用第一人称，要采用简洁的无主句表达，尽量使用行为动词，少用形容词等修饰性语言；(5)注重格式。不要把求职简历写成烦琐保守的自传书信体或者封闭表格式，宜按内容采用清晰有序的板块列项式，另外也不要装订成有封面、目录、封底等项目的书册式。

5. 电子简历

电子版简历是把个人简历内容以 Word、Excel、PPT 等文档软件编辑出来，以邮件或其他方式发送的个人简历。电子版简历还包括图片简历、网页简历和多媒体简历等新颖的个人简历。

电子简历一共有三种类型。一种为可扫描的书面简历。它可以通过扫描仪器准确无误地生成一个计算机文件。二种为电子邮件简历。它虽是一个普通的计算机文件，但其内容可以通过网络传送到世界各地而无须打印在纸上。三种为主页简历。它采用多媒体格式，可以放在因特网上，也可以存储在磁盘里供用人单位在方便的时候随时查看。

小贴士

制作电子简历注意事项

你的简历最好每页不超过 22 行，每行不超过 35 个字。

使用 A4 的纸张(如果你打算传真一份简历，将它打印在白纸上)。使用便于阅读的字体。

不要使用空格键、下画线、外围线、斜体字和阴影，也不要使用粗体字、垂直或水平线、图表和并排的短句。

有些简历库提供填空模板，按指示填写即可。

尽可能简明，必要时可超过一页，计算机可以处理多页的简历。

发电子邮件时抄送一份给自己以观察其效果。在电子邮件文本框内填写简历时，每行不要超过35个字，在每行结束时按回车键。

三、试做求职简历

1. 试着为自己制作一份求职简历

填写下列清单，完成个人简历

个人简历

<table>
<tr><td>姓名</td><td></td><td>性别</td><td></td><td>出生年月</td><td></td><td rowspan="3">照片</td></tr>
<tr><td>毕业学校</td><td></td><td>专业</td><td></td><td>政治面貌</td><td></td></tr>
<tr><td>家庭电话</td><td></td><td>手机</td><td></td><td>学历</td><td></td></tr>
<tr><td>通信地址</td><td colspan="6"></td></tr>
<tr><td>求职意向</td><td colspan="6"></td></tr>
<tr><td rowspan="3">教育背景</td><td>小学</td><td colspan="5"></td></tr>
<tr><td>初中</td><td colspan="5"></td></tr>
<tr><td>中职</td><td colspan="5"></td></tr>
<tr><td>工作经验</td><td colspan="6"></td></tr>
<tr><td>个人爱好
与特长</td><td colspan="6"></td></tr>
</table>

2. 对自己的简历进行评价

项　　目	好	一般	不好	如何改进
格式。简历是否有吸引力				
外观。是否简明？布局是否清晰易读？打印是否整齐？格式是否正确				
长度。是否适宜				

续表

项　　目	好	一般	不好	如何改进
内容。是否选择与申请职位最相关的经历				
表达。用词是否生动？职业目标描述的是否清楚				
切题。内容是否与申请职位相关				
完整。是否包括了所有重要信息				
准确。是否准确地反映了本人情况				
技能。是否反映出你与申请职位有关的技能				

3. 请他人帮你审查简历

请求他人，如老师、朋友等帮助你审查简历。按下表中的提示征求意见。

项　　目	好	一般	不好	如何改进
根据申请职业介绍的技能和工作经验				
重要的从业经历、教育背景、成就和技能等是否吸引招聘者				
以积极、诚恳、自信的态度描述自己				
简历长度不要超过两页				
采用吸引人的、可读的格式，使用高质量的纸张，保证一种专业化的外观				

四、学习制作求职信

了解求职信

求职信集介绍、自我推销和下一步行动建议于一身。它总结归纳了履历表，并重点突出了你的背景材料中与未来雇主最有关系的内容。一份好的求职信能体现你清晰的思路和良好的表达能力，换句话说，它体现了你的沟通交际能力和性格特征。

求职信是求职者向用人单位或单位领导人介绍自己的实际才能、表达自己就业愿望的一种书信。多数用人单位都要求求职者先寄送求职材料，由他们通过求职材料对众多求职者有一个大致的了解后，再通知面试或面谈人选。因此，求职信写得好坏将直接关系到求职者能否进入下一轮的角逐。

第一，求职信的格式与内容。

求职信属于应用文，主要有称谓、正文、结尾、附件、署名、成文时间等部分。求职信的称谓(对受信者的称呼)称谓写在第一行，要顶格写受信者单位名称或个人姓名。单位名称后可加“负责同志”；个人姓名后可加“先生”“女士”“同志”等；在称谓后写冒号。正文要另起一行，空两格开始写求职信的内容。正文内容较多，要分段写。

内容主要包括以下几个方面：求职的原因；对所谋求的职务的看法以及对自己的能力要做出客观公允的评价，这是求职的关键；提出希望和要求，向收信者提出希望和要求。

第二，写求职信的要求。

要牢记这是一封推销自己的信件，你应该尽量突出自己的优点与长处，并且表示对这份工作很感兴趣，而不是奉上一份个人自传。要体现以下特点：扣题、简明、正确、专业、个性等。用语具有气势与感染力。

撰写完毕后，应反复检查，确保无误后才正式寄出。因为一些微小的错误，也会给未来雇主一个不够全面及不细心的坏印象，就算连日期、标点符号也要检查清楚，要记着，你的求职信便是你的求职代表。撰写求职信时应从雇主的立场出发，尽量写上雇主有兴趣知道的资料。大多数招聘官一般都相信，如果一个求职者连一份求职信与履历表也写不好的话，很难期望他在工作上有杰出表现。

第三，写求职简历的注意事项。

主要有以下几点：

实事求是，恰如其分地介绍自己的能力和特长，既不吹嘘自己，又不贬低自己。

重点突出、有条理、有针对性，篇幅以 2～3 页，1 500 字以内为好。

过长，使人厌烦；过短，显得不严肃、不认真，给人留下的印象不深。

文笔要流畅，表达要准确，字迹要工整、漂亮。

精心选择照片，以便招聘单位初筛。

书写时最好使用钢笔、毛笔，圆珠笔也可以，但不能使用红笔和铅笔。

信纸和信封一定要选择较好的来使用，不要用太薄、太黄、太粗糙的信纸和信封。在信封正面，最好贴上一张精美的邮票，以引起对方的注意。

案例分析

阅读下面的求职信

××经理：

您好！我写此信应聘贵公司的经理助理职位。我很高兴在招聘网站上看到你们的招聘广告，并一直期望能有机会加盟贵公司。

两年前我毕业于××市高级技工学校国际贸易专业，在校期间学到了许多专业知识，如国际贸易、国际贸易实务、国际商务谈判、国际贸易法、外经贸英语等课程。毕业后，就职于一家外贸公司，从事市场助理工作，主要是协助经理制订工作计划、一些外联工作以及文件、档案的管理工作。本人具备一定的管理和策划能力，熟悉各种办公软件的操作，英语熟练，略懂日语。我深信可以胜任贵公司经理助理之职。个人简历及相关材料一并附上，希望您能看到我是该职位的有力竞争者，并希望能尽快收到面试通知，我的联系电话：……

感谢您阅读此信并考虑我的应聘要求！

此致

敬礼！

您真诚的朋友：×××

×年×月×日

问题：

谈谈你对这封求职信的看法，你会怎么写？

相关链接

填写工作登记(申请)表注意事项

1. 要保持良好的心态。很多求职者，让填工作申请表时会显得不高兴地说："不是已经发电子简历了吗？怎么还要填？"其实大部分公司都会保留一份求职者手写的简历，这样一句话不但不能改变什么，反而会留下一个不好的印象。

2. 简历中填写的信息一定要和发给用人单位的电子简历中的信息保持一致，特别是有工作经历的时间。

3. 最好能用签字笔填写。圆珠笔等写的字会随着时间推移而慢慢模糊。在求职过程中，包里一定要准备签字笔和笔记本。有的公司会在初试前进行笔试。这样可以避免一些尴尬。

4. 字体工整、清晰，不要潦草。有的应聘者填写得比较潦草，这样会给面试官留下不好的印象。毕竟字是写给别人看的，而不只是写给自己看。

5. 工作申请表中的每一项都务必填写完整。从填写的工作申请表中，HR会判断求职者对工作的认知程度和态度。特别是不要忘记后面的签名。在工作经历填写栏中会有公司的联系方式，最好是能填公司的总机。

6. 保持联系方式的有效性。如果信号不好的地方，可多留几个紧急联络人，或QQ之类的常用通信方式。

7. 填写的时间应控制在15～20分钟。

第三节 求职技巧

一、求职面试前的准备工作

1. 面试前的心态准备

面试的最佳结果是，面试官全面而准确地了解到了考生的优势所在。

这是每一位面试者都梦寐以求的结果。但在面试的特定情境中，多数面试者经常在面试远未开始，就已进入这种沉闷的自我混乱状态之中了。原因是多方面的，主要是认知偏差、焦虑、恐惧等莫名的情绪。

所以，在面试之前，明智的考生就应该试着挖掘自己潜在的力量，用积极的心态来消除负面心理的影响，满怀信心地在未来的面试中一展自己的风采。

第一，积极的心态准备

面试还没有开始，很多人的信心大厦就已经垮掉了。他们知道在企业录用中，面试是最关键的一环，因而习惯性地无限度地夸大面试中的每一个因素，把每一个因素都当成难以逾越的大山。结果，他们不战而败，弃甲投降。

面试前在心理上对各种因素都过分夸大，会让他们无法自如地展现自己。一旦在心理上接受某个假设，他们将一步一步地踏入自我设定的陷阱中，从而严重地影响到他们的理性判断力，而这正是面试中至关重要的能力。

我们习惯构想出形形色色的敌人，是因为我们在日常生活中，常常将自己固定在几种不健康的人际交往模式中。我们习惯性地说："我不好——你好，我不行——你行"；或者，我们一贯认为"我不好——你也不好，我不行——你也不行"；或者，我们经常以为"我好——你不好，我行——你不行"。承认一方，否认另一方，就必然会将你带入不必要的敌对状态中。

真正健康的、成熟的人际交往模式应该是"我行——你也行，我好——你也好"。这种心态的特点是：去发现自己、他人和世界的光明面，从而使自己保持一种积极、乐观进取的精神状态。一旦拥有了这种态度，面试者不必劳神费力地去讨好主考官，压制别人，他将能坦然自若地表现自己的所有优势，他将能理性地绕过自己和主考官有意无意设下的陷阱。

面试是一种特殊的人际互动模式。而人际交往的合理原则是，既要顾及他人的需要，也要考虑自身的需要。自高自大令人讨厌；自轻自贱令人可怜。现在，设想一个自卑的人是你的部下，你会单独交给他一项任务吗？你会让他追讨公司的债务吗？这就是在面试中，唯唯诺诺的人不被看重的原因所在——如果面试者作为个人向面试官让步，那么他也会代表单位向其他团体让步。面试官倾向于选择自信的面试者，固然可能是被这样的人吸引，但更主要的则是面试官代表面试单位信任了他。

第二，克服面试焦虑办法

部分面试者由于心理承受能力不足，难以承受即将到来的面试所造成的心理压力，而陷入过度焦虑之中。如果出现这种情况，面试者就需要进行一些心理训练。过度的焦虑可以从三个方面来判断：不良的情绪反应，如紧张恐惧、心烦意乱、喜怒无常、无精打采等；不良的生理反应，如肠胃不适、原因不明的腹泻、多汗、尿频、头痛、失眠等；不良的智力反应，如记忆力减退、注意力不能集中、思维迟钝、学习效率下降，等等。如果出现上述情况，考生可以尝试以下办法来缓解：积极的自我暗示；利用“系统脱敏法”消除过度焦虑；充分的自我认识和对面试过程的详尽了解；“暴露冲击法”消除过度焦虑；要做好充分的准备等。

小贴士

所谓的“系统脱敏法”是通过一系列的步骤，逐渐训练个体的心理放松能力，增强心理适应能力，从而消除敏感反应，保持身心的平衡状态。

面试焦虑的系统脱敏可以这样进行：第一步，认真反思自己的情况，依程度轻重将引起面试焦虑的情境排序。第二步，运用想象进行“脱敏”训练。首先，从能引起你最轻度焦虑的情境开始想象。尽量逼真地想象当时的各种情境、面试官的表情和自己的内心体验，一旦有身体的紧张反应或内心的焦虑状态出现，便用言语暗示“沉着”“冷静”“停止紧张”，同时进行有规律的深呼吸，尽量放松肌肉，以缓解自身的紧张状态，直至镇定自若。然后想象第二个情境，依次进行训练，最后，当想象最紧张的面试情境时，也能够轻松自如。

2. 面试前的形象准备

在面试前，面试者应对自己进行全方位的包装，以求以最佳的形象去面对考官。要注意以下几个方面。

第一，发型

男性的头发比较好对付，因为可供男性选择的发型不多。如果使用发胶，需要注意，临出发前，一定要用梳子把黏结成绺的头发梳开。如果男性面试者想简简单单理个发就行了，那他最好回忆一下，刚理完发后，是不是每次他都有点儿羞于上街？如果是，那就应该早几天理发。

女性的头发最忌讳的一点是戴太多的头饰。在面试这样的场合，大方自然才是真。所以，不要弄什么“爆炸式”的发型，这种膨胀着的带有威胁意味的头发，会使面试官对你产生本能的排斥；高挽的发髻也不可取，它会让面试官倾向于以家庭型女性来评判，这无疑是对你求职的否定；披肩的长发已渐渐被接受，但应稍加约束一下，不要让它太随意。

第二，着装

一般而言，面试官评判面试者服装的标准是：协调中显示人的气质与风度；稳重中表现出人的可信赖程度；独特中彰显人的个性。

服饰的最高境界是自然协调，如果你的衣着首先与你自己的个性、品位不协调的话，就很难与面试的气氛相一致。面试的着装是要郑重一点，但也不必为此而改变你在日常中一贯的形象。比如，如果你从来不穿西装，大可不必为了面试而穿西装。要学会从过去你的无数形象中选择与面试相匹配的服装。要相信自己的审美能力和身旁众多“参谋”的审美能力。

第三，面部化妆

面试中，脸部的化妆一定要淡而自然。因为一脸浓妆无异于在向面试官诉说着：“我没有自信，所以我要掩饰我的本来面目。”

在面试中，尤其拒绝浓妆，因为它使人的脸部不自然，它破坏了人脸上的表情，而一张脸最生动的地方就在于它细微生动感人的情绪表达。不要让面试官必须先努力看透厚厚的化妆，才能捕捉到你的表情。

面试前最好略略将面颊修饰打扮一下，让自己看上去健康、精神焕发就已足够。

第四，杜绝饰物

你天生偏爱那些形形色色、金光闪闪的小饰物，或者你听信了种种服饰小册子中赋予各种小饰物的意义，虽然它们能为你增色，但在面试中，最好杜绝佩戴它们。

相关链接

找工作那会儿，班上的女生恨不得整容，男生好像一夜之间也开始习惯穿西装。我是特别相信形象加分这样的概念的人。看到几乎所有同学都要给自己添置几套像样的行头，以备面试之用，我也坐不住了。大家都说，从头到脚置办完全，在花2 000元之前都觉得肯定多了，但是花完才知道是少了。我家的经济条件让我不容多想，我实在不忍心再加重父母的负担，可翻翻衣橱，的确拿不出一件正经的职业装。正犯愁着，同寝室的女生给我出了个主意。据说不少外贸小店都有号称名牌的A货，绝对能以假乱真。心动了，我一下子心动了，立马找了家店，从上到下给自己置办了一身，只花了相当于正品几分之一的钱。返回学校，我特意让一个对品牌颇有研究的同学检验了一番，她竟然没有看出来。得到“专家”的肯定后，我彻底放心了。第二天，就穿着新衣服去参加某知名公司的面试。谢天谢地呀，看得出几位考官对我的形象评分不错，对我的应答也颇为满意，一切都进行得非常顺利。

3. 面试前的职位调研

面试的结果常常令面试者不解。有的面试者在面试中高谈阔论，感觉很好，却名落孙山。有的面试者在面试中规规矩矩，没有出彩，却金榜题名。为什么？不同的工作岗位对员工的素质要求迥然不同。在面试前，求职者一定要尽可能多地获得应聘单位和目标职位的各种信息，以做到在面试中有的放矢。

目标职位的各种信息包括工作的性质、核心职能和职责、对工作人员的知识结构、能力结构、心理素质结构的要求等。为了获取真实有效的信息，就必须进行调查研究。

例如，面试中有一个重要的评价要素就是应聘动机。主考官经常会问这类问题：你对我们单位了解吗？你对你应聘的职位了解吗？你为什么要应聘这个职位？假如你被录用后，将如何开展工作呢？对于这样的问题，回答绝不仅仅是技巧问题。如果你没有进行过调查研究，你的回答很可能不着边际，你可能自以为回答得很得体、很巧妙，而实际上却犯了重大的错误。假如你所应聘的职位本来就要求循规蹈矩、照章办事，你却大谈标新立异、时尚前卫，结果就可想而知了。

此外，对所要应聘的单位和职位进行调查研究，会减少你应聘的盲目性，从而减少你被录用之后产生的心理反差，也有利于你今后顺利开展工作和职业生涯的设计和开发。

相关链接

调查了解注意事项

调查了解必须坚持两个原则：一是为自己的职业选择、单位选择、职位选择服务；二是为面试成功服务。一个人要为自己的前途和命运负责，对像职业选择、单位选择、职位选择这样的问题必须高度重视，使你的选择有科学可靠的依据。然而，你的选择应依靠什么呢？你需要什么样的信息呢？我们就从如何争取面试成功这个角度，提出一些需要注意的问题。

第一，要调查研究应聘单位的性质、主要职能、组织结构和规模。第二，要调查研究应聘单位的人员结构，如年龄结构、专业结构以及人际关系状况，等等。第三，了解应聘职位尽可能多的信息。如工作的性质、中心任务和责任，所需的知识结构、能力结构以及兴趣、爱好、个性特征、技术特长等的专门要求。第四，了解单位主管、你所应聘职位的直接上司以及可能的面试官的个人情况，如姓名、教育程度、专业、年龄、出生地、民族、信仰、家庭、兴趣爱好等等。第五，面试的大致时间、面试场所和环境、面试可能采取的形式等。第六，有关单位的新闻报道，有关可能出现的面试官的新情况等。

4. 明确定位你自己

孙子曰："知己知彼，百战不殆。"要想面试成功，除了做到"知彼"，了解招聘单位和职位，还需要对"自我"有一个清醒的认识，有明确的定位，知道自己的优势所在和弱点所在。那么我们怎样才能达到"自知"呢？

第一，自我认知

在面试之前，至少应从以下几个角度进行自我判断，发现自己的优势和不足、兴趣与潜能、职业适应性等相关的个人特征。主要包括：知识结构、能力结构、个性心理特征、职业适应性、职业价值观、职业信息的整理与分析等。

第二，自我完善

经过正确的自我判断与评价，或许你会发现自己的知识结构、能力结构、个性心理、职业适应性等与自己的理想或应聘职位有一定的差距。找出这一差距是你的一大成就，但如何缩小这个差距，则关系到你能否实现自己的理想和追求，意义重大。那么怎样才能缩小理想与现实的差距呢？主要靠自我开发。因为一个人的前进动力只有产生于内部才会强大持久。学习和提高关键靠自己的主观努力，自我开发是前进的源泉。因此，要想提高能力，必须把握机会进行实践锻炼，如果缺少实践的机会，也可以进行一些模拟训练，效果比较好。

自我开发主要包括：创造力的自我开发、沟通能力的自我开发等。

5. 如何轻松入场

经过一系列精心的准备，面试这一天终于来临了。

到达面试地点时，如果时间尚早，完全可以散散步，然后在面试开始15分钟前，到达指定的供面试者休息和准备的场所。

在面试开始的前15分钟，可以参照下面的方法做准备。

第一，找个位子坐下，稍作休息。

第二，再次整理一下仪表。

第三，在心中演练一下面试中的自我介绍和可能出现的问题的解答，并且尽力想象实际面试的气氛，以提高自己的兴奋度。

第四，要文明礼貌。

第五，等待时可以与其他面试者交谈。

第六，不要费尽心思地想从面试完的人那里问出什么来。

拓展阅读

常用的积极暗示语

希望增强自信时，可用以下暗示语：我很自信！我才能出众！我精力充沛！我很能干！我处事果断！我是独一无二的！我很帅！我很漂亮！我感觉很好！我心情极佳！

希望改善人际关系时，可用下列暗示语：我待人诚恳！我光明磊落！我喜欢赞美别人！我能宽容别人！我待人慷慨大方！我谦虚待人！我信守诺言！我珍惜友谊！我很受大家欢迎！

希望提高工作效率时，可用下列暗示语：我说干就干！我当机立断！我惜时如金！我很勤快！我很勤劳！我办事效率高！我工作速度快！

当你遇到困难和难题时，可用下列暗示语：我能解决这个问题！这对我来说这很容易！我能找到解决问题的办法！我能办好这件事！没有解决不了的问题！办法总会有的！

当你遭到失败时，常用的暗示语有：我下次一定能成功！我增长了见识！我丰富了经历！我得到了经验！我得到了锻炼！我收获很大！我心情很好！

你希望朝气蓬勃、智慧超群时，可用下列暗示语：我智慧出众！我头脑聪明！我记忆良好！我富有创造性！我想象力丰富！我无所不能！

你希望成为一名高级管理人才或成为一名专家学者时，可用下列暗示语：我是一个非凡的人物！我是一位天才！我能成就大业！我是一名优秀的管理人才！我是一名出色的设计人才！我是一名出色的研究人才！

二、面试时的注意事项

中职生在求职面试时注意以下六个方面：

1. 忌缺乏自信

最明显的就是问“你们要几个?”对用人单位来讲，招一个是招，招十个也是招。问题不在于招几个人，而是你有没有这百分之一、十分之一或独一无二的实力和竞争力。“你们要不要女的?”这样询问的女性，首先给自己打了“折扣”，是一种缺乏自信的表现。面对已露怯意的女性，用人单位刚好“顺水推舟”，予以回绝。

2. 忌急问待遇

“你们的待遇怎么样?”“你们管吃住吗？电话费、车费报不报销?”有些应聘者一见面就急着问这些，不但让对方反感，而且会让对方产生“工作还没干就先提条件，何况我还没说要你呢”这样不好的想法。谈论报酬待遇是你的权利，关键是要看准时机。一般在双方已有初步聘用意向时，再委婉地提出来。

3. 忌不合逻辑

面试的考官问：“请你告诉我你的一次失败的经历。”答曰：“我想不起我曾经失败过。”如果这样说，在逻辑上是讲不通的。又如考官问：“你有何优缺点?”答曰：“我可以胜任任何工作。”这也不符合实际。

4. 忌报有熟人

面试中急于套近乎，不顾场合地说“我认识你们单位的某某”、“我和某某是同学，关系很不错”等。这种话主考官听了会反感。如果你说的那个人是他的顶头上司，主考官会觉得你在以势压人；如果主考官与你所说的那个人关系不怎么好，甚至有矛盾，那么你这样引出的结果很可能就是自己遭殃。

5. 忌超出范围

例如，面试快要结束时，主考官问求职者：“请问你有什么问题要问我吗?”这位求职者欠了欠身子问道：“请问你们公司的规模有多大？中外方的比例各是多少？请问你们董事会成员里中外方各有几位？你们未来 5 年的发展规划如何?”诸如此类的问题。这是求职者没有把自己的位置摆正，提出的问题已经超出了求职者应当提问的范围，使主考官产生了厌烦。主考官甚至会想：哪有这么多的问题？你是来求职的呢，还是来调查情况的呢?

6. 忌不当反问

例如，主考官问：“关于工资，你的期望值是多少?”应聘者反问：“你们打算出多少?” 这样的反问就很不礼貌，好像是在谈判，很容易引起主考官的不快和敌视。

拓展阅读

用人单位最看重的素质

企业录用员工最看重的六种素质依次是综合素质、敬业精神、专业技能、沟通与表达能力、团队精神、诚信。该报告得出以下结论。

第一，今天的用人单位不再看重求职者的单一技能，更看重综合素质，包括品行、态度、技能和人际关系等方面，因此，新生应从刚入学的第一天起全方位“修炼”自己，尤以其中两点最重要：诚信和敬业精神。诚信应该说是品德的最基本方面，“先做人后做事”指的就是诚信。纵观古今中外，凡成功人士无一不是以高尚的人品为基础，唯有诚信才能让一个人得到长久的信任，树立自己的品牌，从而为成功铺平道路。敬业精神体现在责任感、主人翁意识、先付出后回报等等。

第二，企业需要复合型人才。企业希望能以最小的人力成本获得最大的经济效益，因而掌握多方面的知识与技能的人才会成为企业的“抢手货”。因此新人需要把自己培养成“一专多能”甚至“多专多能”型人才。

第三，学习能力是最重要的能力。“终身学习”被喊成了老生常谈，但确实是放之四海而皆准的真理。不论个人的专业是不是兴趣所在，是不是与事业目标一致，但必须有极强的学习能力。广义的学习包括及时更新旧观念、尽快掌握知识与技能。

第四，健康的身体与良好的心理素质是根本。竞争使当代人承受着越来越大的压力，没有身心健康便没有一切。

由上可见，对于刚踏入校门的学生来说，做到完整的职业生涯规划有相当难度，但一定要有职业生涯规划的意识，多向有关职业指导机构及身边的成功人士请教。

三、求职面试案例分析

1. 应聘岗位：采编人员

面试表现：面试者在自我介绍时展示了自己应聘采编人员这一岗位的优势：已发表了30万字的文章和书稿。面试官针对这一点提问：“在前面的面试中你一直在强调你发表了30万字的文章，但是我们认为，这仅仅能反映你的写作能力。作为一名采编人员，非常重要的一点是与人沟通、采访的能力。以及敏锐的观察力，你能不能更多地展示一下你这方面的能力?”

面试者回答："平常在与人沟通中我讲究的是不要说太多，而要做得多，关键不是要看你说什么，而是要看你做了什么。我父亲也常常对我说，在与人交往过程中一定要少说，要多做。作为一名采编人员，我可能要接触很多人，敏锐的观察力是任何一个创作者必须具备的，我写了30万字的文章，这本身就反映了我的观察力。我没有过分地突出我说的能力，是因为我的强项是写作，可能因此削弱了说这方面的能力，但实际上我具备这方面的能力。"

专家意见：该面试者在自述中不断强调自己的实力，其表现为30万字的文章，这是正确的。她对文字的兴趣很大，但是她沟通能力的表现的确很不好。采编人员与人沟通的能力是非常重要的，采编工作初期最重要的是沟通而不是写作。她一再强调说和做的关系，一而再、再而三地突出做，这一点是很忌讳的，反而让人感觉她不太适合从事对外沟通的工作，而更加适合文字性的处理。30万字的文章能够说明一个人的文字处理能力，但是并不能说明她适合这个岗位。

2. 应聘岗位：采编、营销策划、出版发行

面试表现：面试官：你在简历中写了三个意向：采编、营销策划和出版发行，我们的企业对一个大学生投这么多的项目往往比较头疼，你能不能向企业主管做相关的解释？

面试者：我的意向是采编人员、营销策划和出版发行，首先我讲一下采编人员，因为我在学校学的是电子商务专业，业余时间选修了信息管理和信息系统，信息管理主要就是信息的采集和编辑，我今天来面试采编人员就是想用我的能力更好地为企业服务。我的第二选择是营销策划，虽然不是我的专业，但是我比较感兴趣，比如珠宝策划……(举了具体营销中的一个个案例以说明自己有这方面的能力)。出版发行是我的长项，我的出版发行成绩一向比较高，我非常感谢我的一位老师，他让我对出版发行事业非常的热情，所以我在实习的时候去了印刷厂从事非常辛苦的装订工作。而且我的实习单位是我通过自己的努力找的，我把自己以后的发展定位在少儿出版发行，因为我觉得少儿出版市场在国内还处于有待发展的状态，很多书都是从国外引进的。我想我只有进入这个行业才能把我的优势发挥出来。

专家意见：这位面试者犯了面试中的一个大忌——一个人应聘几个职位，没有明确的目标，企业对这样的面试者是非常头疼的。在回答时她强调了自己在这三个方面都具备相应的工作能力，并逐一进行说明。但是她可以向不同企业申请不同岗位，却不应该在一个企业应聘多个职位。同时这也说明她对自己职业认知的不确定性。或者对自己今后的职业发展缺乏必要的认识，对职业生涯缺乏规划。

3. 应聘岗位：营销人员

面试表现：面试官问："你应聘的职位是市场营销，在座的这位就是珠宝公司的老总，请你向他推销一款珠宝。"

面试者答："推销珠宝？我想先通过自己的经验吧，我想先举个例子，为什么呢？因为我觉得每个公司，无论是哪个部门，想的都是一件事情，把自己的东西卖出去，而且建立在成本最低的基础上。我曾经听了一个讲座，当时麦克·戴尔给了 IBM 一个耳光，为什么？人们去 IBM 买电脑时问'请问电脑多少钱'？'9 999 元'。但是你问戴尔'请问电脑多少钱?'人家反问：'你要多少钱的电脑。'这就是企业的核心竞争力。"

面试官："我想打断一下，好像你回答的和我问的相差太远。请你向在座的人推荐一款珠宝。"

面试者："首先来说呢，对于珠宝，以前我不是很了解，不过我知道两个品牌，周生生和周大福，首先，他的珠宝为什么能卖得好？……"

专家意见：这位面试者是典型的答非所问。面试者在面试中感觉无从回答或不好回答时，为了不至于冷场往往随便找话说，先说了再说，但这正好暴露了自己的弱点。在面试中，面试官所希望看到的并不是你的语言表达能力，而是针对提问言简意赅的回答。不合题意地滔滔不绝，只会让面试官反感，这也是面试中极为忌讳的一点。

应知应会

一、填空题

1. 信息源是指产生和持有信息的个人、机构或负载信息的载体，________或为了________的系统。

2. 筛选目标岗位的方法有________、________、运用技巧，事半功倍。

3. 求职所需要资料如果按类型分包括________、________、文字类、________和其他类五大类。

4. 职业资格证书是表明________具有从事某一职业所必备的学识和________的证明。

5. 电子版简历是把个人简历内容以 Word、Excel、PPT 等文档软件编辑出来，以________或其他传送方式传送的个人简历。电子版简历还包括________、网页简历和________等新颖的个人简历。

6. 面试前的形象准备主要包括________、________、________、________。

7. 中职生求职面试六大忌包括________、________、________、________、________、________。

二、简答题

1. 求职者获得职业信息的途径主要有几个方面？

2. 面试时应该注意哪些问题？请结合自身实际回答。

3. 简历有哪些功能？

4. 简历包括哪些主要内容？

5. 写求职简历、申请表时应该注意哪些事项？

三、论述题

1. 求职信的格式与内容是什么？作为中职生的你如何自己制作一份求职信？

2. 写求职信的要求有哪些？

3. 面试前应该做哪些心理准备？

第七章

就业协议与维权

学习导航

- 了解就业协议与劳动合同异同
- 知道就业协议签订的原则、程序
- 懂得就业协议的主要内容及注意事项
- 学会就业协议维护途径

案例分析

小张在中职三年级时到一家广告公司实习。由于实习表现突出，小张与该公司达成就业意向，并签订了就业协议。双方约定，服务期为3年，如果小张提前解约必须赔偿公司1万元。至于协议中的待遇、福利等条款暂为空白，公司人事部门让他先签名，具体条款过几天再补上。小张觉得自己是经熟人介绍来的，不好意思提待遇的事儿。“找个工作不容易，不敢要求太多。反正别人有啥咱有啥呗，差不了多少。”小张便在协议上签上了自己的名字。

正式上班后，公司与他签订了劳动合同，合同的有效期仅1年，而且也没有提前解除合同的赔偿条款。由于待遇与其他员工相差比较大，小张在工作第二年便向公司提出辞职。公司提出，必须按就业协议的规定赔偿1万元。小张不服，准备通过法律手段维权。

问题：

你认为小张是否需要向公司赔偿这1万元？

像上例这样对就业协议的法律性质还缺少真正的了解，因此不明确自己对所签协议的用人单位负有何种责任的情形在应届中职生求职者中确实存在。的确，中职生就业协议和劳动合同并不是完全相同的，那么它们的共同之处与区别在哪里呢？

第一节　就业协议与劳动合同的异同

这里所说的就业协议是《中等职业学校学生就业协议书》的简称，又叫三方协议。它是明确中职生、用人单位、学校三方在中职生就业工作中的权利和义务的书面表现形式，能解决应届中职生户籍、档案、保险、公积金等一系列相关问题。协议在中职生到单位报到、用人单位正式接收后自动终止。就业协议一般由教育部或各省、自治区、直辖市就业主管部门统一印制。

中职生在正式工作之前，都会与用人单位签订就业协议和劳动合同，一般签订就业协议在先，签订劳动合同在后。但你也许并不明确这两者有何不同，因此不能完全明确自己的责任与应当享有的权益。作为即将参加工作的中职生，有必要了解两者的异同。

一、就业协议与劳动合同相同之处

就业协议是中职生与用人单位确立就业意向的法律依据。就确立就业意向这一点来说，就业协议与劳动合同具有衔接关系，但就业协议本质上属于民事协议范畴，其法律性质与确立正式劳动关系的劳动合同存在本质区别。劳动合同才是确立劳动关系的法定形式，受《劳动合同法》直接规范。

它们的相同表现在以下方面。

1. 合同的性质一致。

用人单位对中职生这类劳动者，与面向社会公开招聘的劳动者，在培养、使用、待遇等方面可能有所不同，但从确立劳动关系这一点来说，就业协议与劳动合同是一致的。

2. 主体的意思表达一致。

签订就业协议的双方在表达主观愿望方面意思表示真实、无强制胁迫的状态，即劳动者和用人单位之间签订劳动合同时双方的主观意思表达所处的状态完全一致。

二、就业协议与劳动合同不同之处

劳动合同是劳动者与用人单位确立劳动关系，明确双方权利和义务的协议。《中华人民共和国劳动法》规定，建立劳动关系应当订立劳动合同。就业协议是中职生与用人单位确立劳动关系，明确双方在中职生就业工作中权利和义务的协议。教育部颁布的《普通高等学校毕业生就业工作暂行规定》要求："经供需见面和双向选择后，毕业生、用人单位和高等学校应当签订毕业生就业协议书，作为制定就业计划和派遣的依据。"

1. 适用的法律、法规不同。

劳动合同适用《中华人民共和国劳动法》及劳动人事部门颁布的有关劳动人事方面的规章。而就业协议因目前既无《就业法》，也无国务院颁布的有关中职生就业方面的法规，因此只能适用教育部颁发的《普通高等学校毕业生就业工作暂行规定》和有关政策。

2. 适用主体不同。

劳动合同是劳动者与用人单位之间确立劳动关系的协议，只要双方当事人协商一致，符合法律、行政法规，无欺诈、胁迫等行为，经双方签字盖章，合同即生效。目前的就业协议除毕业生与用人单位双方签字、盖章外，尚需学校和鉴证机关(人事部门)介入。

简单地说，两者的程度不同，劳动合同的法律效力较大，不管是权利还是义务，一旦签订，就必须遵守，一旦有违约现象，必须承担相应的责任。而协议带有双方协商的成分，一旦有一方违约，后果比劳动合同要轻一些。

相关链接

就业协议与劳动合同是用人单位录用毕业生时所订立的书面协议，但两者分处两个相互联系的不同阶段，表现在：

1. 毕业生就业协议是毕业生在校时，由学校参与鉴证的，与用人单位协商签订的，是编制毕业生就业计划方案和毕业生派遣的依据，劳动合同是毕业生与用人单位明确劳动关系中的权利义务关系的协议，学校不是劳动合同的主体，也不是劳动合同的鉴证方，劳动合同是毕业生上岗从事何种岗位、享受何种待遇等权利和义务的依据。

2. 毕业生就业协议的内容主要是毕业生如实介绍自身情况，并表示愿意到用人单位就业、用人单位表示愿意接收毕业生，学校同意推荐毕业生并列入就业派遣计划。劳动合同的内容涉及劳动报酬、劳动保护、工作内容、劳动纪律等方方面面，更为具体，劳动权利和义务更为明确。

3. 一般来说，就业协议签订在前，劳动合同订立在后，如果毕业生与用人单位就工资待遇、住房等有事先约定，也可在就业协议备注条款中予以注明，日后订立的劳动合同时对此内容应予认可。

4. 就业协议是毕业生和用人单位关于将来就业意向的初步约定，对于双方的基本条件以及即将签订劳动合同的部分基本内容大体认可，并经用人单位的上级主管部门和学校就业部门同意和见证，一经毕业生、用人单位、学校、用人单位主管部门签字盖章，即具有一定的法律效力，是编制毕业生的就业计划和将来可能发生违约情况时的判断依据。

三、警惕“陷阱”合同

中职生在签署合同的过程中，应该注意提防以下五种“陷阱”合同：

1. 口头合同

口头约定并不等于签订书面文本。一有“风吹草动”，这些口头约定就会化为泡影。

2. 格式合同

用人单位按照国家有关法律规定和劳动部门制定的合同示范文本，事先打印好的聘用合同，从表面上看似乎无可挑剔，但在具体条款的制定上却表述含糊，甚至有多种解释，一旦发生劳动纠纷，用人方就会借此为自己辩护。

3. 单方合同

一些用人单位利用应聘者求职心切的心理，只约定应聘方有哪些义务，违反约定要承担怎样的责任，毁约要缴纳违约金等，而合同上关于应聘者的权利几乎只字不提。

4. 生死合同

一些危险行业用人单位为逃避应该承担的责任，常常要求劳动者接受合同中的"生死协议"，即一旦发生意外，企业不承担任何责任。如果签订了这种合同，真的发生意外事故后，用人单位就有理由为自己开脱了。

第二节　就业协议的签订原则、程序和内容

就业协议书，也称三方协议，是原国家教育委员会于1995年开始实行的。它是明确中职生、用人单位和学校在中职毕业生就业工作中权利和义务的书面形式，保障了中职毕业生就业工作的规范化和法制化。就业协议书一般由各省、自治区、直辖市就业主管部门按教育部的统一标准制定，就业协议书各方签字、盖章后生效。就业协议书是中职生确定工作单位，用人单位接收中职生，学校确定中职生就业，将中职毕业生派遣到用人单位就业的依据。

一、就业协议签订的原则与程序

1. 就业协议签订的原则

签订就业协议应当遵循如下两个原则：

第一，主体合法原则

签订就业协议的当事人必须具有合法的主体资格。对中职生而言，就业必须取得毕业资格，如果学生在派遣时未取得毕业资格，用人单位可以不予接收且无须承担法律责任。对用人单位而言，用人单位必须具有从事各项经营或管理活动的能力，单位应有录用中职生的计划和录用自主权，否则中职生可解除协议而无须承担违约责任。对学校而言，学校根据用人单位的要求如实介绍中职生的在校表现，也应如实将所掌握的用人单位的信息提供给中职生。学校是中职生就业协议的重要组成部分。

第二，平等协商原则

就业协议的三方在签订就业协议时的法律地位是平等的，一方不得将自己的意志强加给另一方。学校也不得采用行政手段要求中职生到指定单位就业(不包括有特殊情况的中职生)，用人单位亦不应在签订就业协议时要求中职生缴纳过高数额的风险金、保证金。三方当事人的权利义务应是一致的。除协议书规定内容外，三方如有其他约定事项可在协议书“备注”内容中加以补充确定。

相关链接

×××市大中专毕业生就业协议书

<table>
<tr><td rowspan="6">甲
方</td><td>用人单位名称</td><td colspan="4"></td><td colspan="2">单位隶属</td><td colspan="2"></td></tr>
<tr><td>联系人</td><td colspan="2"></td><td>联系电话</td><td></td><td colspan="2">邮政编码</td><td colspan="2"></td></tr>
<tr><td>通信地址</td><td colspan="8"></td></tr>
<tr><td>单位性质(请在所属的单位类别选项上打√)</td><td colspan="8">1. 机关　2. 农村建制村　3. 城镇社区　4. 科研设计单位　5. 教育单位　6. 医疗卫生单位　7. 其他事业单位　8. 国有企业　9. 外商独资　10. 中外合资　11. 民营企业　12. 其他企业</td></tr>
<tr><td rowspan="2">档案接收</td><td>单位名称</td><td colspan="4"></td><td colspan="2">邮政编码</td><td></td></tr>
<tr><td>详细地址</td><td colspan="7"></td></tr>
</table>

续表

<table>
<tr><td rowspan="5">乙
方</td><td>姓　　名</td><td></td><td>性别</td><td></td><td>出生
年月</td><td></td><td>生源地</td><td colspan="2"></td></tr>
<tr><td>毕业学校</td><td colspan="3"></td><td colspan="2">毕业时间</td><td></td><td>学制</td><td></td></tr>
<tr><td>专业名称</td><td colspan="3"></td><td colspan="2">学　　历</td><td colspan="3"></td></tr>
<tr><td>通信地址</td><td colspan="3"></td><td>邮政
编码</td><td></td><td>联系电话</td><td colspan="2"></td></tr>
<tr><td>家庭地址</td><td colspan="3"></td><td>邮政
编码</td><td></td><td>联系电话</td><td colspan="2"></td></tr>
</table>

甲乙双方按照国家毕业生就业政策及相关规定，遵守诚信、信用的原则，在平等自愿、协商一致的基础上，依法达成如下协议：

一、甲方同意录(聘)用乙方。

二、乙方同意毕业后到甲方工作。

三、甲方负责办理录(聘)用乙方所需的有关手续，乙方应予以积极配合。

四、甲方录(聘)用乙方工作期限为____年，工作岗位为________，工种为__________________。

五、甲方录(聘)用乙方工作期间，乙方月(年)实际工资收入不低于______元(该项收入不得低于当地政府规定的最低工资标准)。

六、甲方录(聘)用乙方工作期间，甲方按国家法律、法规、政策规定为乙方缴纳社会保险，提供相关的福利，以及符合国家规定的劳动安全卫生条件和劳动防护用品。

七、甲方所介绍的情况严重失实，乙方可单方解除本协议并免责。乙方所提供的自荐材料内容严重失实，甲方可单方解除本协议并免责。

八、甲乙双方应全面履行协议。若一方违约，另一方可依法追究其违约责任，并要求其赔偿相关损失。

九、甲乙双方协商一致，可以变更协议中双方约定的条款或解除协议。

十、甲乙双方因履行本协议发生争议，由甲、乙双方协商解决，或提请备案、登记部门协调解决，也可直接向劳动人事争议仲裁部门提请仲裁。

十一、本协议未尽事宜，国家有规定的，按国家规定执行；国家没有规定的，由甲乙双方商定其他协议条款。

十二、本协议一式四份，甲方、乙方、学校毕业生就业工作部门、地方政府毕业生就业主管部门各执一份。

其他条款：

甲方(公章)　　　　　　　　　　　　乙方(签名)

年　月　日　　　　　　　　　　　　年　月　日

甲方主管部门意见　政府毕业生就业主管部门意见

年　月　日　　　　　　　　　　　　年　月　日

就业协议书样本

相关链接

就业协议签订的基本要求

1. 中职生应按国家规定就业，向用人单位如实介绍自己的情况，了解单位的使用意图，表明自己的就业意见，在规定的时间内到用人单位报到，若遇到特殊情况不能按时报到，须征得用人单位同意。

2. 用人单位要如实介绍本单位的情况，明确对中职生的要求及使用意图，做好各项接收工作。凡取得毕业资格的中职生，用人单位不得以学习成绩为由违约，未取得毕业资格的结业生，就业协议无效。

3. 学校要如实向用人单位介绍中职生的情况，做好推荐工作。用人单位同意录用后，经学校审核列入就业方案，报就业主管部门备案，学校负责办理就业手续。

4. 学校应在学生毕业前安排体检，不合格者不办理就业手续，就业协议自动取消，由学校通知用人单位。如用人单位对中职生身体条件有特殊要求，原则上应在签订协议前进行单独体检，否则以学校体检结果为准。

5. 中职生、用人单位、学校三方如有其他约定，应在备注栏注明，并视为就业协议的一部分。

6. 就业协议经各方签字盖章后生效。三方都应严格履行本协议，若有一方提出变更协议，须征得另两方同意，违约由违约方承担违约责任，并在备注栏中加以明确。

7. 就业协议一式三份，中职生、用人单位、学校各执一份，复印无效。

8. 中职生持就业报到证到用人单位报到后，用人单位为其办理完接收录用手续，协议自行终止。

2. 就业协议签订的程序

就业协议签订的程序流程图如下：

毕业生通过双向选择与用人单位达成就业意向。

↓

毕业生在《就业协议书》上签署意见后，将《就业协议书》交接收单位。

↓

接收单位签署意见并盖章。

↓

如果用人单位有上级主管单位或挂靠人才服务中心，则需在“用人主管单位”或“人才代理机构”一栏加盖相应公章。

↓

用人单位或毕业生将《就业协议书》交所在院系签署意见并盖章。

↓

毕业生将《就业协议书》交学工处就业科（行政楼306）盖章，毕业生、用人单位、毕业生所在院系各有一份。

↓

接收单位将毕业生《就业协议书》《推荐表》和《成绩单》原件送接收地毕业生就业主管部门审批，如当地就业主管部门不需审批，则不需办理，但北京、上海、天津、广州、深圳这5个城市必须办理上报审批，厦门市须上厦门人事网备案。用人单位或毕业生将审批表（函）交所在院系，学校根据《就业协议书》和审批表（函）并出具报到证。

二、就业协议的主要内容及注意事项

1. 主要内容

(1)中职生情况及意见

基本情况主要包括学生姓名、政治面貌、所学专业、学历层次、联系方式和应聘意见等。中职生必须逐项填写完整，专业名称要与学校教务处的专业名称一致，不能简写。签署姓名及日期。

(2)用人单位情况及意见

包括单位名称、单位隶属、联系方式、单位所在地、经济类型、单位性质、档案转寄及户口迁移等基本情况。填写用人单位名称时，务必注意是否与单位的有效印鉴上的名称一致，如不一致，协议无效。因此，中职毕业生在签约前，一定要先审查用人单位的主体资格。

有用人自主权并可以接收档案的单位，在“用人单位意见”中签署“同意”意见并加盖单位人事部门公章。如果用人单位属于事业单位或机关等无用人自主权的单位，则必须在“用人单位上级主管部门意见”中签署“同意”意见并加盖公章，或自主加盖人事代理机构公章。

没有人事权或不接收档案的企业单位，中职生要到区县一级人事代理机构或人才服务机构，填写清楚中职生档案转寄的详细地址，签署意见并加盖公章。

(3)学校意见

中职生与用人单位签订协议后，先由学生所在院(系)签署意见并加盖公章，再由学校中职毕业生就业指导部门审核，签署意见并加盖公章。

(4)备注

现行的中职生就业协议属“格式合同”，但“备注”部分允许三方另行约定各自的权利和义务，如报考研究生、服务期要求、福利待遇以及违约金等。

2. 主要事项

(1)就业协议签署后，中职生原则上不得违约

由于单位原因或个人特殊原因需要重新择业的，必须取得用人单位同

意解除协议的书面证明或退函，方可重新办理。

(2)违约责任及权益保护

违约责任是指协议当事人不履行或不完全履行协议规定的义务而应承担的法律责任，它是保证协议履行的有效手段。就业协议书一经中职生、用人单位、学校签署，即具有法律效力，任何一方不得擅自解除，否则违约方应向权利受损方支付协议条款所规定的违约金。因此，在协议内容中，应详细表述当事人双方的违约情形及违约后应负的责任，同时还应写明当事人违约后通过何种方式、途径来承担责任。这样，既能更有利于当事人双方履行协议，也有利于以后违约纠纷的解决。

就用人单位而言，用人单位往往为录用中职生做了大量的工作，有的甚至对中职生将要从事的具体工作也有所安排。同时，中职生就业工作的时间相对比较集中，一旦中职生因某种原因违约，势必使用人单位的录用工作付之东流，用人单位若另起炉灶，选择其他中职生，在时间上也不允许。从而给用人单位工作造成被动。

就学校而言，用人单位往往将中职生违约行为认为是学校的行为，从而影响学校和用人单位的长期合作关系。用人单位由于中职生存在违约现象，而对学校的推荐工作表示怀疑。从历年情况来看，一旦中职生违约，该用人单位在几年之内不愿再到学校来挑选中职生。面对激烈的就业竞争，用人单位需求就是中职生择业成功的前提，如此下去，必定影响今后学校的中职生就业工作。同时影响学校就业计划方案的制订和上报，并影响学校的正常派遣工作。

就其他中职生而言，用人单位到校挑选中职生，一旦与某中职生签订就业协议，就不可能再录用其他中职生。若日后该中职生违约，有些当初希望到该用人单位工作的其他中职生由于录用时间等原因，也无法补缺，造成就业信息的浪费，影响其他中职生就业。因此，中职生在就业过程中应慎重选择，认真履约。

拓展阅读

无效协议

无效协议是指欠缺就业协议的有效要件或违反就业协议订立的原则，从而不发生法律效力的协议，无效协议自订立之日起无效。

解除

为了维护就业协议书的严肃性和学校的声誉，中职生与用人单位签订《就业协议书》后，中职生和用人单位都应认真履行协议。倘若中职生因特殊原因要求违约，应承担违约责任。已签订《就业协议书》的中职生，如要违约，须办理解约手续。

三方解除

三方解除是指中职生、用人单位、学校三方经协商一致，消灭原订立的协议，使协议不发生法律效力。此类解除因是三方当事人真实意思表示一致的体现，三方均不承担法律责任，三方解除应在就业派遣计划上报主管部门之前进行，如就业派遣计划下达后三方解除，还须经主管部门批准办理调整改派。

第三节　就业权益的维护

一、中职生应增强五意识　自我保护就业权益

开学后的第一节就业指导课上什么？相信这是时下很多学校的就业指导教师正在考虑的问题。在就业形势日益严峻的当下，一些中职生就业权益屡受侵犯，中职生如何才能真正有效地做到就业权益的自我保护，以更好地走向职场，无疑是中职生们最关心的话题之一。“行动至上，意识先行”。

1. 中职生就业权益自我保护的“五意识”

构建有效的中职生就业权益保护体系，切实维护多方主体利益，关系

到和谐就业关系的建立，关系到学校和社会的稳定，是中职生就业市场有序建设的当务之急。

中职生就业权益的保护是一个系统工程，我们在强调从法律和制度层面营造一个良好的环境和氛围的同时，也必须加强对中职生就业权益自我保护的指导和教育，这种指导和教育必须贯穿于学生的整个学习生活，必须很好地体现在学校的职业生涯规划教育中。中职生要能真正有效地做到就业权益的自我保护，必须牢固树立以下“五种意识”。

第一，法律意识

故事分享

中职生小王在新生入学教育的就业指导课上，得知现在的就业市场上陷阱重重。因此除了认真学好法律基础课外，还利用业余时间比较系统地看了《中华人民共和国劳动法》《合同法》等法律法规，对于劳动就业的规定有了一个大致的了解。毕业签约时，单位提出“试用期8个月，试用期满后签订劳动合同”的要求时，小王依据自己掌握的法律知识，以劳动法规定试用期最长不得超过6个月，试用期必须包含在劳动合同期限内为由与单位据理力争，最终使单位按照劳动法的规定签订就业协议，较好地保护了自己的合法权益。

市场化的就业体制，要求中职生就业要依靠市场这个无形的手，来实现人才资源的合理配置。市场经济是法治经济，中职生就业也必须走法治化之路。

因此，中职生必须了解与就业相关的法律法规、政策制度，了解劳动用工的相关规定，并且在学习这些法律、政策、规定的过程中，逐步养成一种用法律进行思维的意识，即法律意识，进而能在这种意识的指导下，真正做到懂得法律、遵守法律、运用法律。

法律意识要求中职生在求职过程中，运用法律思维来思考碰到的一些问题，大体知道法律的规定是怎样的，了解哪些情况是违法的，哪些情况是政策允许的。只有有了这种意识，才能认识到行为的性质以及法律后果，才有进行自我保护的前提。

第二，契约意识

故事分享

中职生小张就是由于契约意识淡薄，在就业时碰到了麻烦。小张此前在某公司实习，实习结束后双方达成了就业录用意向。由于相互之间比较了解，彼此比较信任，因此双方仅就就业录用的相关事项进行了口头约定。小张认为自己工作的事就这么定了。没想到的是，等他毕业后正式到公司报到时，公司以岗位已录满为由拒绝录用。由于双方之间没有签订书面的就业协议，孰是孰非已无法定论，小张只能自吞苦果。

从某种意义上说，市场经济就是契约经济，市民社会就是契约社会，契约意识要求当事人尊重平等原则、信守契约。由于我国就业体制的特殊性，就业协议在明确就业单位和中职毕业生权利义务等方面扮演着重要角色，因此契约意识的作用在中职毕业生就业过程中显得更加突出。

契约意识在就业过程中主要体现在两个方面，一是要求中职生充分重视和深刻理解就业协议的重要性，要有通过就业协议来保护自己合法权益的意识；二是就业协议一旦签订即具有法律效力，必须具有严格遵守、履行就业协议内容的意识。

因此，谨慎签约、积极履约有利于中职生通过协议书内容的约定来保护自己的合法权益。协议一旦订立，双方都必须遵守，任何一方不得无故毁约、违约等，否则将承担相应的经济和法律责任。

第三，维权意识

故事分享

小吴毕业后到一家公司报到上班。工作一段时间后，发现公司存在无故克扣员工工资和无故不缴纳社会保险费的现象。员工们对公司的这一做法感到义愤填膺，但是考虑到自己的工作岗位和发展机会，没有人敢于站出来对此质疑。小吴知道公司的做法是违反《中华人民共和国劳动法》的，强烈的维权意识使他认为一定要采取措施保护自己和同事的合法权益。于是他以匿名的方式向当地劳动监察部门举报了公司的恶劣行径。劳动监察部门接到举报后，马上在查证属实的基础上对公司进行了处罚，同时责令公司返还被克扣的员工工资，并按规定补缴社会保险费。小吴以自己的行动维护了自己和同事的正当权益。

中职生在法律意识和契约意识的指引下，认识到自己的合法就业权益受到了侵害，是积极运用法律手段或者其他方法来进行救济以维护自己的合法权益呢，还是息事宁人、当作什么事都没发生过？

不同的处理方法就体现了维权意识的不同。具有强烈的维权意识，在碰到问题时能够拿起法律的武器积极主张权利，是中职生走出自我权益保护的实质性的一步。中职生只有养成了积极主张权利的维权意识，不畏法、不畏仲裁诉讼，才能够平等地与用人单位对话，据理力争，切实保障自己的合法权益。当然，维权意识要求中职生知道可以采用下列途径维护自己的就业权利：学校出面调解，向劳动监察部门申诉、举报，向劳动仲裁机构申请仲裁，向人民法院提起诉讼等。

第四，证据意识

故事分享

中职生小杨通过网络找到了一家颇有影响力的民营企业。在正式就职之前，他来到该企业指定的培训中心缴纳了相关的培训及服装费用。该企业承诺，如果应聘在培训后因为企业的原因没有被录用，将退还培训的所有费用。结果，由于企业人事调整，小杨没有进入该企业工作。当他向该企业要求退还培训等费用时，因拿不出缴费的证据而被拒绝。

法律是用证据说话的，中职生在就业过程中应“多留一个心眼”，牢固树立证据意识。证据意识的培养主要体现在三个方面：一是收集证据的意识，要求中职生在就业时要有意识地要求对方出示或者提供相关资料来佐证一定的事实，如要求公司出示营业执照、要对方出示表明身份的证件等；二是增强保存证据的意识，要求中职生注意保存现有的证据，以便将来在仲裁或诉讼时支持自己的观点，如要注意保存单位在招聘时的海报、与单位往来的传真、邮件等；三是运用证据的意识，中职生要有用证据证明案件事实的意识，知道什么样的事实需要什么样的证据证明，知道一定事实的举证责任属于对方还是己方等。

中职生在就业过程中经常会碰到单位要求交押金的情况。用人单位在签订劳动合同时要求劳动者提供押金的做法是法律明确禁止的，但是签订就业协议时单位是否可以收取押金，法律没有明确规定。

一般认为可以参照劳动合同的做法，签订就业协议并收取押金不合理。但是现在就业市场中，由于某些潜规则的存在，确实在很多场合存在着中职生因不交押金就无法签订协议、得到工作的尴尬。在这种情况下，如果中职生确实很想去这个单位工作的话，我们认为可以先交押金，但是一定要让单位出具注明“押金”字样的收据，并且注意保存，以便日后作为证据使用。

第五，诚信意识

有专家指出，目前中职生就业市场是买方市场，一些用人单位处于主动地位的情况下，无视求职者的利益，甚至用欺骗的手段使中职生就业陷入困境。同时，使整个人才市场处于一种彼此不信任的非正常状态，用人单位缺乏诚信导致学生在求职时诚信缺失。如一些企业参加招聘会“醉翁之意不在酒”，有的是为做广告，有的是借机招聘廉价劳动力。

中职生诚信意识的培养主要包括两个方面，一是中职生自己在求职过程中必须如实向用人单位介绍自己的情况，要实事求是。如果中职生故意隐瞒自身情况、欺骗单位，可能导致就业协议无效，并要承担缔约过失责任；二是要能够意识到用人单位是不是诚信，比如意识到单位介绍的情况是不是真实、其招聘的真实目的是什么，等等。第二点对中职生要求得更高，因为要判断用人单位是否诚信，必然要求中职生有比较丰富的阅历和经验，并通过不同的方法和途径全面了解用人单位的情况。然而一些中职生在这方面做得还不够，主要是因为严峻的就业形势，使得中职生不敢向用人单位问太多的问题、提更多的要求，许多初涉职场的中职生认为单位说的都是对的，单位要求的就应该去做，不知不觉中自己的权益已经遭受侵犯。因此必须强化中职生的诚信意识，特别是锻炼其中的第二种能力，以保护自己的合法权益。

2. 就业权益维护途径

中职生享有合法权益，但在就业过程中往往会出现一些侵害中职生权益的行为。中职生可通过以下途径对自身权益进行保护。

(1)中职生就业主管部门的保障。

中职生就业主管部门可通过制定相应的规范来确定中职生的权益，并对侵犯毕业生权益的行为加以纠正或处理。例如，《上海市毕业生就业信息登记制度具体实施办法》规定：对不履行就业信息公开登记手续，侵犯毕业生获取信息权的，市毕业生就业办公室不予审批非上海市生源高校毕业生进沪就业；不予审批就业计划和核发就业报到证；同时对这种情况给予通报批评，严重者将取消用人单位录用毕业生的资格。

(2)学校的保护。

学校对中职生权益的保护最为直接。学校可通过制定各项措施来规范中职生就业指导和就业推荐。对于用人单位在录用中职生过程中的不公平、不公正行为，学校有权予以抵制，以维护中职生的公平录用权。对于用人单位与中职生签订的不符合有关规定的就业协议，学校有权不予同意，未经学校同意的就业协议不具有法律效力，不能作为编制就业计划的依据。

(3)中职生自我保护。

中职生权益保护的一个重要方面就是中职生自我保护，中职生自我保护体现在三个方面。

第一，中职生应了解目前国家关于中职生就业的有关方针、政策和法规以及它们之间的关系，熟悉中职生在就业过程中的权利和义务，这是中职生权益自我保护的前提。如果在就业过程中因为所谓的公司规定或部门规定与国家政策法规有抵触，侵犯了自己的权益，则可以依据法规办事，维护自己的合法权益。

第二，中职生应自觉遵守有关就业规范，接受其制约，保证自己的就业行为不违反就业规范，不侵犯其他中职生的合法权益。中职生如有下列情形之一，由学校报请地方主管中职生调配部门批准，不再负责其就业。

在其向学校缴纳全部培养费和奖、助学金后，由学校将其户口关系和档案转至家庭所在地，按社会待业人员处理：A. 不顾国家需要，坚持个人无理要求，经多方教育仍拒不改正；B. 自派遣之日起，无正当理由超过三个月不去就业单位报到的；C. 报到后拒不服从安排或提出无理要求被用人单位退回的；D. 其他违反中职毕业生就业规定的。

第三，在用人单位接收中职生的过程当中，中职生也应对自身权益进行自我保护。

如按照国家规定，中职生在报到后应享受正常的福利待遇，如养老金、公积金等；对某些工作岗位的特殊身体要求，用人单位应在与中职生双向选择时就明确，否则不得以单位体检不合格为由，比如仅仅是肝功能表面抗原阳性等，将学生退回学校；另外，正常的人才流动也应根据国家和当地有关人才流动的规定，不应受到限制；报到后中职生患病不能坚持正常工作的，则按单位在职人员的有关规定处理，不能退回学校。中职生应对自己的权利有正确认识。

中职生应学会运用法律手段维护自身的合法权益。针对侵犯自身就业权益的行为，中职生有权向用人单位的上级主管部门和学校进行申诉并总结处理意见，同时也可向当地的劳动争议仲裁机构申请调解和仲裁，也可以向人民法院提起诉讼。

二、中职生就业权益保障

1. 协议不能代替合同

应届中职生就业时会与学校和用人单位签订一份三方协议，这是由学校作为鉴证，中职生与用人单位签订的一份意向性协议，它具有法律效力，但不能替代劳动合同。

中职生到用人单位上班后一定要求再签订一份劳动合同。从法律上讲，任何用人单位与劳动者确立劳动关系的话，都必须签订劳动合同。不签订，属于违法行为，会被劳动监察部门罚款。

2. 违约金要约定上限

三方协议中的违约金必须由中职生与用人单位协商后约定，并且违约金的数额必须符合用人单位所在地的相关规定。目前国内大部分地区都没有明确规定违约金的上限，这种情况下都以双方协商金额为准。中职生与用人单位还可以约定违约金，以应对用人单位违约的情况，从而维护自身的权益。

由于三方协议约定权利和义务的双方是劳动者和用人单位，学生如果要毁约的话，除非学生与学校有特殊的约定，那么一般情况下学校是不能够向学生收取违约金的。

3. 口头承诺应写进备注

据调查，90％以上的中职生《就业三方协议》中的备注栏全是空白。由于缺乏社会经验和法律知识，很多中职生因为急于就业而相信用人单位的一些口头承诺，常常在到岗以后与单位发生纠纷。

中职生们一定注意充分利用好就业协议的备注栏，尽量将单位的承诺，如休假、住房补贴、解决户口、保险等各项承诺明确写入备注栏，切实保障自己的合法权益。

4. 试用期不超过半年

有些用人单位利用一些中职生对法律的无知，对其进行遥遥无期的试用，而按照《中华人民共和国劳动法》的规定，劳动合同约定的试用期不能超过六个月。

劳动合同期限在六个月以下的，试用期不得超过十五日；劳动合同期限在六个月以上一年以下的，试用期不得超过三十日；劳动合同期限在一年以上两年以下的，试用期不得超过六十日；劳动合同期限在三年以上的，试用期不得超过六个月。

同时还要强调的是，试用期适用于初次就业或再次就业时改变工作岗位或工种的劳动者，续签劳动合同时不得约定试用期。

拓展阅读

补办《就业协议书》

中职生如遗失《就业协议书》，请于就近的报纸上登报声明作废，随带报纸，经所在学校负责学生就业工作的老师签署意见，招生就业办审核同意后，予以补发。补发的《就业协议书》上注明“该生原件已遗失，此份为遗失补办件”，以区别于正式的《就业协议书》。

中职生如谎报遗失《就业协议书》，视情节轻重给予相应校规校纪处分。

1. 中职生持由用人单位人事部门盖章的《中职生就业推荐表》回执，或用人单位直接开具的加盖其人事部门公章的接收函，到学校就业管理部门（就业指导中心）领取《中职生就业协议书》（一式三份）。

2. 中职生按协议书要求认真填写个人基本情况和应聘意见，签署姓名及日期。

3. 中职生将协议书交给用人单位，由用人单位填写“用人单位情况及意见”，并加盖用人单位和上级主管部门公章。

4. 中职生与用人单位签订协议书后15天内，必须将已签署的协议书返回学校，由所在院系签署意见。最后，由就业管理部门（就业指导中心）审核，签署意见、加盖公章，就业协议生效。就业协议书三方（学校、学生、用人单位）各执一份。

应知应会

一、填空题

1. 就业协议是学校________与用人单位确立________的法律依据。

2. 就业协议订立的原则________、________。

3. 就业协议书，也称三方协议，是原国家教育委员会在________年开始实行的。

4. 无效协议是指欠缺________________或违反________________从而不发生法律效力，无效协议自订立之日起无效。

5. 违约责任是指协议当事人因过错而______或__________协议规定的义务应承担的法律责任，它是保证协议履行的有效手段。

6. 毕业生就业权益自我保护的五意识________、________、________、________、________。

7. 中职生维权有四招________、________、________、________。

二、简答题

1. 就业协议与劳动合同相同、不同之处是什么。
2. 简述就业协议订立的步骤。
3. 中职生违约主要表现在哪些方面。
4. 简述就业协议的签订步骤及注意事项。
5. 中职生就业权益自我保护的“五意识”包括哪几个方面?
6. 就业权益维护途径有哪些?

三、论述题

结合实际，谈谈中职生毕业应如何维护自身的就业权益。

第八章

尝试创业　拓展人生

学习导航

- 认识什么是创业及其意义
- 了解创业应具备的基本精神和素质
- 知道自主创业的几种途径
- 了解克服自主创业中常见问题

故事分享

2024届毕业生小黄曾参加了陕西省西安市政府举行的全市落实创业政策恳谈会。会上，他一提出自己想建立一个中职生求职网站的想法，就得到了市长陈宝根的赞赏和支持。在市长的鼓励下，这个充满了创业激情的小伙子迅速完善了先前酝酿许久的创业计划书，架构起未来网站的基本框架。但一个绕不开的问题是，由于自己并不会写计算机程序，网站的建立必须由专业的技术人员来完成，这名技术核心人物在哪里？苦苦找寻数月无果，小黄只好暂时收起创业梦想，先找份工作，给别人打工。小黄的事例告诉我们要想创业成功必须更加了解创业，具备创业条件。

问题：

1. 通过上述案例，你认为要想创业应该具备哪些条件？

2. 如果你是小黄，你会怎么办？

第一节 创业的内涵

梦想是成长的核心。勤奋学习和努力工作是成长的必经之路。克服的勇气和愉悦的心情是成长的催化剂。不断地阅读和独立思考是成长的加速器。

——俞敏洪

一、创业的定义和特征

故事分享

打工和创业：有两个人，一个是方正电脑前总裁A，典型的高级打工者。另一个是B，他原先是阿尔特某分公司的总经理和总部某事业部的总经理。

A对自己的定位就是职业经理人，离开了方正，他依然每月拿着高薪，在外还有自己的关联企业来处理业务过程中的一些项目。

B离开阿尔特之后像着了魔一样想要自己当老板，现在开了自己的公司，然而长达一年没有一笔营业收入。虽然他是非常优秀的销售，但是他之前做的都是大客户，大项目，现在正在跟的也是大项目。对企业来说是没有很好的现金流动。每天过得都很艰苦，每天都会产生新的希望，每天都会失落和疲惫。

你认为A和B谁才是真正的创业者？

1. 创业的定义

创业是一种创新性活动，它的本质是独立地开创并经营一种事业，使该事业得以稳健发展、快速成长的思维和行为。

走上创业之路，是人生的一个重大转折，它是成就自己事业的过程，是自我价值和能力的体现。创业，要直接对顾客负责，个人的收入直接与利润挂钩。其实，创业的过程就是解决一个接一个矛盾的过程。正如一位作者指出："创业最大的好处，就是可以做自己的主人。"

创业有许多定义：创业包括创造价值、创建并经营一家新的营利型企业的过程，通过个人或一个群体投资组建公司，来提供新产品或服务，以及有意识地创造价值的过程；创业就是创造不同价值的一种过程，这种价值的创造需要投入必要的时间和付出一定的努力，承担相应的金融、心理和社会风险，并能在金钱和个人成就感等方面得到收益。还有更为宽泛的定义："对新企业、小型企业和家庭企业的创建和经营"等。

作为一种劳动方式，创业就是创业者对自己拥有的资源或通过努力能够拥有的资源进行优化整合，从而创造出更大的经济或社会价值的过程。

2. 创业的特点

创业是一种过程，在这个过程中，某一个人或一个团体，通过组织力量去寻求机遇，去创造价值和谋求发展，并通过创新和独特性来满足愿望和需求。

创业具有以下主要特点。

(1)创业是创造具有"更多价值的"新事物的过程，这个过程不是仅有能力、资金、头脑就可以达到，还需要时机。

(2)创业需要贡献必要的时间，付出极大的努力。

(3)承担必然存在的风险。这些风险涉及财务、精神、社会及家庭等领域。

(4)创业能够获得财务回报，从而使个人或团体更为独立，满足物质和精神的需要。

3. 对创业的误解

作为中职生，面对创业必须有正确的态度和认识，避免以下误解：

第一，成功的创业只需要一个好的创意。

拥有一个好的创意只是成功创业方程式的一部分。理解不同创业阶段的不同需求，利用组织方式去发展企业，处理企业经营过程中的挑战，这些都是成功创业的关键要素。

第二，创业很容易。

要非常警惕这样的认识，创业并不容易。它需要承担责任、做出决策、努力工作和面临无法预知的风险。

第三，创业是一种有风险的活动。

因为创业包括寻求新的、未曾试验过的方式和方法，它一定是一种冒险。是这样吗？实际上不是。尽管企业家们不惧怕承担风险，但创业所涉及的是有备的风险，而不是不必要的、无法承担的风险。

第四，创业只发生在小型企业中。

许多人误认为，创业只与小型企业有关。实际上，创业可以发生在任何规模的企业中。从另一个角度讲，并不能只因为一个企业是小型的，就能自动把它变成创业型的。创业型企业和小型企业不是一回事。

拓展阅读

创业的全球性影响

美国之外的创业活动是什么样的呢？它又有什么影响呢？一个名为全球创业观察(global entrepreneurship gonitor，GEM)的对全球创业活动进行年度评估的研究机构，主要研究的不同国家创业活动对经济增长的影响。研究者们有什么发现呢？全球创业观察 2000 年度报告包括了 21 个国家，这 21 个国家按创业水平被分成 3 个等级。从这些数据可以看到，创业活动的最高水平出现在 5 个国家(澳大利亚、加拿大、韩国、挪威和美国)。创业活动的中等水平包括 14 个国家，而创业活动的最低水平出现在 2 个国家——法国和日本。

全球创业活动水平

最高水平	中等水平	最低水平
澳大利亚	比利时	法国
加拿大	巴西	日本
韩国	丹麦	
挪威	芬兰	
美国	德国	
	印度	
	以色列	
	爱尔兰	
	意大利	
	新加坡	
	西班牙	
	瑞典	
	英国	

另外，研究者们发现，特别是在全球最主要的工业化国家七国集团中（七国集团包括加拿大、法国、德国、意大利、日本、英国和美国），创业活动水平与年度经济增长之间有非常紧密的联系。“全球创业观察报告提供了一个确凿的证据，证明了促进一个国家的创业活动和增强一个国家的创业动力，应该是任何一个承诺提高经济福利的政府的不可分割的要素。”从全球范围来看，我们也可以得出这样的结论：创业在一个国家的经济增长中起着重要的作用。

二、创业的要素

创业是创业者通过发现和识别商业机会，组织各种资源，提供产品和服务，以创造价值的过程。

创业主要包含以下几个要素：创业者、商业机会、组织、资源等。

1. 创业者

创业者是置身于创业过程核心的个人或团体，是创业的主体。创业者通常独自创业，但是在许多情形下创业团队是十分重要的，不同的团队成员扮演不同的角色并分担相应的责任。创业者承担个人资金和声誉上的风险，从事创业活动，在创业过程之中起着关键的推动和领导作用，包括商业机会的识别，企业组织的创立、融资、产品创新、资源获取、有效配置及运用、市场开拓等。

创业的成功与失败，在很大程度上取决于创业者和团队的素质与经验。创业者和创业团队在创业中的作用比创意、机会和资源更加重要，因为创意能否转化为机会，机会能否实现其价值，资源能否得到有效利用，都取决于创业者和创业团队的素质和经验。

小贴士

被誉为"全球风险投资之父"的美国风险投资家多里特有一句名言：我更喜欢拥有二流创意的一流创业者和团队，而不是拥有一流创意的二流创业团队。这个观念如今已成为风险投资界的一个投资原则。实际上，风险投资家在选择投资项目时，首先评价的要素就是创业者和创业团队，接着才是技术先进性、产品独特性和市场潜力及盈利前景等。

2. 商业机会

商业机会是由当前服务于市场的企业留下的市场缺口，它意味着顾客能得到比当前更好的产品和服务。商业机会是创业机会的一种表现形式，而利用这种商机，是创业者进行创业的主要驱动力量。

利用商业机会并将其转化为价值的过程就是创业的过程。创业者往往从发现和识别商业机会开始创业，努力以现在没有的方式来做重要的事情，并且做得更好，这种改进的做事方式是创业者给市场的创新，如果市场认同这种改进，并且创业者可以有效地提供这种创新并盈利，那么就可以创造价值。

3. 组织

组织是协调创业活动的系统，是创业的载体。创业活动是在组织中进行的，离开了组织也就无从谈起组织的问题，创业活动就无法协调，创业资源就无法整合，创业者的领导作用就无从发挥。

创业者组织的显著特征是创业者强有力的领导和缺乏正式 的结构和制度，在许多方面他们还不成熟，但这并不构成成长的障碍，他们接受新事物快，并能迅速地对变化做出反应，在此过程中他们得以发展壮大和走向成熟。

人们现在从更广义的观点来看待创业型组织，即它是以创业者为核心形成的关系网络，不仅包括正式创新型企业内部的人，还包括这个网络外的人或组织，如顾客、供应商和投资者等。这一扩展的组织概念有利于决定如何创建组织、确立和保持竞争地位。

4. 资源

资源是组织中的各种投入，包括人、财、物等。资源不仅包括有形资产，也包括无形资产，如品牌、专利、企业声誉等。所有这些资源都是投资，创业者的关键职能之一就是吸引这些投资，将其转化为市场需要的产品和服务，实现商业机会的价值。

在创业初期，创业者拥有的资源有限，因而寻求的是控制资源而不是拥有资源，他们可能愿意租借资源，例如发现和适当利用外部资源，包括律师、注册会计师，以及其他专家而不是自己拥有这些资源。利用外部资源可以节省成本，加快企业成长速度和提高企业的成功率，这是创业者最容易忽视的方面之一。一些创业者试图拥有所有资源，不仅提高了创业的难度和成本，而且也降低了成功的概率，因为一切就绪时，可能也错过了最好的创业时机。

综上所述，创业是创业者、机会、组织和资源相互作用、互相匹配，以创造价值的动态过程。创造价值是创业的目的，创业者创业的个人动机尽管不一致，但是成功的创业者主要是为了创造价值，将商业机会转化为社会需要的产品和服务。因此那些盲目地纯粹以个人利益为目的的创业者，往往最后以失败告终。

大量的研究和事实证明，注重事业成就的创业者更容易获得持续成功，而过度追逐权利和金钱的创业者，往往难以保持长久的发展势头。

三、创业与创新

1. 创新的定义

创新是一种以新思维、新发明和新描述为特征的概念化过程。它起源于拉丁语，它的原义有三层含义，第一，更新；第二，创造新的东西；第三，改变。创新是人类特有的认识能力和实践能力，是人类主观能动性的高级表现形式，是推动经济发展和社会进步的动力。

经济学上，创新概念的起源于美籍奥地利经济学家熊彼特在1912年出版的《经济发展理论》。熊彼特在其著作中提出：创新是指把一种新的生产要素和生产条件的"新结合"引入生产体系。它包括五种情况：引入一种新产品；引入一种新的生产方法；开辟一个新的市场；获得原材料或半成品的一种新的供应来源；实现一种新的工业组织形式。熊彼特的创新概念包含的范围很广，如涉及技术性变化的创新及非技术性变化的组织创新等。

相关链接

日本日立公司在北海道有一家专门制造电扇的工厂，由于产品单调，销路不好，一直亏损。该工厂的经理发现在这里很多农民靠塑料大棚种植农作物，而大棚需要换气用的风扇，因此就自作主张生产起换气扇。

一次，日立的总裁来到这里考察，看见此"不务正业"的现象，就问是怎么回事，该经理很巧妙地答道：这也是电扇啊。总裁没太在意。结果若干年过去了，该工厂一跃成为日本唯一一家专营各类工业用风扇的唯一厂家！

问题：

你认为上述的例子是创新吗？为什么？

2. 创业与创新

创业也有广义和狭义之分，广义的创业是指创业者的各项创业实践活动，其功能指向国家、集体和群体的大事业。狭义的创业是指创业者的生产经营活动，主要是开办企业、开办个体和家庭的小实业体。

创新是创业的基础；创新的成效只有通过未来的创业实践来检验；创业是创新的载体和表现形式，创业的成败根本倚仗创新教育的根基扎实程度；创新是对人的发展总体把握，创业着重的是人的价值具体体现。

二者既相互促进又相互制约，是密不可分的辩证统一体。创新与创业内容的相似，并不说明二者可以相互替代，因为仅仅具备创新精神是不够的，它只是为创业成功提供了可能性和必要的准备，如果脱离创业实践，缺乏一定的创业能力，创新精神也就成了无源之水、无本之木。创新精神所具有的意义，只有作用于创业实践活动才能有所体现，才有可能最终实现创业的成功。创业与创新二者目标同向、内容同质、功能同效、殊途同归。围绕创业实践，通过多种途径，创业与创新要有机融合。创新与创业内容结构相互融合，相辅相成。

创新是人类社会发展与进步的永恒主题：

第一，当今世界正在从传统工业文明向现代信息文明迈进，知识经济初见端倪，而知识经济的核心恰恰在于创新；

第二，在知识经济条件下，国际综合国力的竞争越来越多地表现为创新型人才水平和数量的竞争；

第三，创业与创新的教育与实践是培养民族创新精神的主要动力，是实现21世纪中华民族全面振兴的关键，也是把我国巨大人口压力转化为丰富的人力资源的根本出路；

第四，创新是世界上许多国家教育改革的核心，是实施科教兴国战略和素质教育必须重视的问题。

创业需要创业者具备创新精神和创新能力。创业需要创业者不断培养、提高自己的创业基本素质，培养创业意识与创业能力。

国际社会之所以重视创业能力培养是社会经济的发展所决定的。其一，根据预测，无论是发达国家还是发展中国家，都会有相当比例的毕业生不可能获得就业岗位，并且这个比例会逐年提高，有些国家甚至达到或超过50%，因此，创业教育越来越显示出它的价值。其二，第一、第二产业的就业人口比例会逐步缩小，第三产业的就业人口比例将逐步提高，经济形态日益向服务及信息形态发展，只需要少量的人力和办公设备就可以组建公司；与此同时，信息技术的发展，办公自动化程度日益提高，所需设备的成本日益降低，都为小企业和家庭企业的发展提供了适当的环境和条件。在过去三年里，美国每年有 100 万家新公司诞生，其中九成以上都是雇员不超过 20 人的小企业，它们是新经济的活力所在。因此，通过创建小企业自我谋职，既符合经济发展的潮流，也是我国知识青年乐意选择的就业道路。

创新与创业是当代青年的历史使命。学习创新与创业是我们立人、立家、立业、立国的首要任务。

3. 学习创新

创新精神可以理解为个体从事创新活动所需的基本心理状态。其主要包括创新意识、创新思维、创新技能和创新品质四个方面。

第一，创新意识。创新意识是个体从事创新活动的主观意愿和态度。只有具有强烈的创新意识的人，才能产生强烈的创新欲望，树立创新目标，发挥创新潜力和才智。创新意识主要应体现在尊重客观现实，善于理性思考，敢于怀疑、追求卓越等方面。

第二，创新思维。创新思维是创造力的核心。这就是说，要加强对人们进行创造性思维活动的教育，不断提高思维创新活动的诸方面能力，诸如思维发散能力、思维想象能力、思维逻辑能力和思维直觉灵感能力等。

第三，创新技能。它表现为人的行为技巧、动作能力，属于创新活动的运作机制。它包括信息加工能力、工作能力、动手操作能力等。

第四，创新品质。创新品质主要是指个体从事创新活动所表现出来的稳定的个性品质特征，它包括勇敢、独立性、好奇心、有毅力、富于挑战性、敢于质疑问难及一丝不苟等良好的个性品质。创新主体的个性品质差异在一定程度上决定着创新成就的大小，因此，创新品质的塑造是创新精神培养的重要环节。

第二节　创业者应具备的素质

美国《时代周刊》曾经有这样一段话，“在21世纪，改变你命运的只有你自己，别期盼有人会来帮助你。从现在开始，‘学习、改变、创业’是通往新世界的唯一道路。”

决心创业并已参加培训的学员勇敢地迈出了第一步，只要能吃苦耐劳，勇于开拓，勤于学习，坚韧不拔，一定能实现自己心中的目标。

故事分享

学生小刘毕业后一直想自己做老板，看到邻居在小区里开了一个食品杂货店，收益一直不错，颇为心动。于是，小刘租了小区内一间库房做店面，筹集了一万多元做启动资金，进了一些货品，开了一家食品杂货店。但是经营了两个月后，小刘的食品杂货店就撑不住了，不得已停业。为什么同样是食品杂货店，邻居可以经营得红红火火，小刘的店就经营惨淡呢？原来，小刘为了突出自己食品杂货店的特色，没有像邻居一样进茶、米、油、盐等大众用品，而是将经营范围锁定在沙拉、奶酪、芝士等一些西餐调味食品上。但是小区里的居民对她的货品需求少，加之她店面的位置在小区边缘，而且营业时间不固定，由着她的性子开，很多邻居都不愿意绕道过去，所以生意不红火。小刘的事例告诉我们，创业不能一味地求新求异、急于求成，创业者要具备一定的基本素质。

1. 小刘的生意为什么不红火？如果换成你，你会怎么做？

2. 就当今社会而言，作为中职生的你们认为应该具备哪些创业素质才能获得创业的资格？

一、创业者的素质

创业，是一个发现和捕捉机会，并且创造出新颖的产品，提升服务，实现其潜在价值的过程。创业能否成功，与创业者的素质关系极大。根据我国的创业环境及众多成功案例，创业者应具备以下几方面的基本素质，即心理素质、身体素质、知识素质和能力素质。

1. 心理素质

所谓心理素质是指创业者的心理条件，包括自我意识、性格、气质、情感等心理构成要素。作为创业者，他的自我意识特征应为自信和自主；他的性格应刚强、坚持、果断和开朗；他的情感应更富有理性色彩。成功的创业者大多是不以物喜，不以己悲的，面对成功和胜利不沾沾自喜、得意忘形；在碰到困难、挫折和失败时不灰心丧气，消极悲观。

2. 身体素质

所谓身体素质是指身体健康、体力充沛、精力旺盛、思维敏捷。现代小企业的创业与经营是艰苦而复杂的，创业者工作繁忙、工作时间长、压力大，如果身体不好，必然力不从心，难以承受创业重任。

3. 知识素质

创业者的知识素质对创业起着举足轻重的作用。在知识大爆炸、竞争日益激烈的今天，单凭热情、勇气、经验或单一专业知识，要想成功创业是很困难的。创业者要进行创造性思维，要做出正确决策，必须掌握广博的知识，具有一专多能的知识结构。具体来说，创业者应该具有以下几方面的知识，做到用足、用活政策，依法行事，用法律维护自己的合法权益；了解科学的经营管理知识和方法，提高管理水平；掌握与本行业本企业相关的科学技术知识，依靠科技进步增强竞争能力；具备市场经济方面的知识，如财务会计、市场营销、国际贸易、国际金融等；具备一些有关世界历史、世界地理、社会生活、文学、艺术等方面的知识。

4. 能力素质

一般来说，创业者至少应具有如下能力：创新能力、分析决策能力 、预见能力 、应变能力 、用人能力、组织协调能力、社交能力、激励能力。当然，这并不是要求创业者必须完全具备这些素质才能去创业，但创业者本人要有不断提高自身素质的自觉性和实际行动。提高素质的途径：一靠学习；二靠改造。要想成为一个成功的创业者，就要做一个终身学习者和自我改造者。哈佛大学拉克教授讲过这样一段话:“创业对大多数人而言是一件极具诱惑力的事情,同时也是一件极具挑战的事,不是人人都能成功。”更进一步说,还要具备以下能力。

(1)选对行业、选对项目的能力。

有句俗话:“女怕嫁错郎,男怕入错行。”说明行业和项目的选择很重要,一定要选择适合自己且有发展前景的朝阳行业,它肯定是将来的发展趋势,市场潜力大,产品利润率高,处于市场导入期,市场上同类产品和竞争对手少。

(2)资金筹措,增强融资的能力。

创业者必须要有资金,“兵马未动,粮草先行”,可以一次到位,也可滚动发展,良性循环,尤其是刚开始涉足新的行业,要做好艰难创业的准备。“万事开头难”,一切从零开始,去启动市场、开发客户、熟悉作业流程、重新建构网络等,投入较大,需要有后盾支持。

(3)创业者对项目的操控能力。

很多人都想投资,但投资者未必都能赚钱,俗话说“有同行没同利”,同样的行业,有的赚有的赔。因此,仅项目选择得对,有资金还不行,更重要的是对项目的操控能力,善经营会管理。尤其是那些白手起家的新手,更要注意以下几点:

A. 身上要有商人的特质。

创业者无论是普通人,还是刚出校门的“书生”,你首先必须锻炼成为一个100%的商人,具备商人身上特有的东西:一是赚钱(利益),办企业的目的首先是赚钱,其次才是其他;二是在商言商,抛开一些情感因素,面子问题、人情问题稍往后放,你掏钱、我给你商品和服务,这是一个平等的交易行为,用不着谁求谁,或不好意思、有多难为情,“亲父子,明算账”;三是看重每一分钱,“斤斤计较”,会精打细算,精确理财,有较高的财商,只有这样才能集腋成裘,财富是一分一分积累起来的。

B. 亲力亲为,做职业化的管理者。

因为是创业初期,不可能有条件去聘请职业经理人,因此往往里里外外都是自己亲力亲为,什么都做,这就要求创业者必须是个职业化的管理者，能够科学管理，高效运作。他们原则性强，公事公办，对事不对人，公私分明，能以身作则，富有成效地领导前激励下属；他们更擅长沟通，能充分调动大家的积极性，带领大家共同完成任务；他们任人唯贤，而不是任人唯亲，吸引优秀的员工为他们工作，并把合适的人放在合适的岗位上，释放出最大能量，创造出良好的业绩。

C. 要有专业、职业的人做团队。

创办企业不可能是你一个人在做，肯定要聘请员工，这时能否招到专业、职业的合格员工就显得特别重要。他们敬业，积极向上，任劳任怨，对公司忠诚，态度端正，具备一定的专业技能，能独当一面，形成互补，产生协同效应。他们是具备职业化态度、观念和行为的职业人，能把自己的目标与企业的目标相结合，知道自己职责所在，齐心协力，共同打造成一个坚不可摧的团队，战无不胜。

D. 良好的品德、修养。

除上述要素外，创业者的品德、修养也显得特别重要。他一定要能吃苦，专注敬业，钻研业务，且头脑灵活，随着市场环境的不断变化，调整策略，坚定目标，持之以恒。他必须节俭，不挥霍浪费，善于自我管理，严于律己，宽以待人，且好学上进，不断充实自己的头脑，会忍受孤独，独立思考，不人云亦云，有远见卓识，有勇有谋。另外，创业者要能够承担压力和风险，有良好的心理素质以及平和的心态，能赔能赚，无论成败，都积极地去寻找原因、总结教训，方能百尺竿头更进一步，最终达到自己理想的彼岸。

(4)处理非经营性事务的能力，创造宽松良好的外围环境。

当今社会现实的经济生活当中，你必须花费部分精力去处理很多非经营性的事务，和一些主管部门、相关单位建立良好的关系，为企业的快速发展创造一个宽松良好的环境。不然，猛地“蜇”你一下就会受不了，“轻者拔几根毛，重者扒一层皮”，伤筋动骨不说，有时会让你的公司死掉，不能等闲视之，要学会“公关”，建立一个良好的外围关系对事业的顺利发展相当重要。

商海里不可预测的东西太多，唯有把握良好积极的心态，全身心地投入，有自己独特的核心竞争力，以不变应万变，方能化险为夷，左右逢源，达到既定的目标。到时，你会发现，赚钱多少也不是问题的本质，不断提升自己的境界和修养，才能站得更高，看得更远。

二、中职生创业教育发展的必要性

(1)中职生创业教育是国际环境的客观要求。如今世界各国为迎接21世纪的挑战，掀起了科技与教育竞争的热潮。无论是发达国家还是发展中国家，都不遗余力地加大科技与教育投入，以此来提高综合国力竞争的基础，确保可持续发展和在新一轮国际竞争中争取主动。因此，实施科教兴国战略，深化教育改革，全面推进以培养创新精神为重点的素质教育，是我们党和国家确立的坚定不移的教育与发展方针，也是中国在21世纪综合国力竞争中争取主动和实现可持续发展的重大决策。

(2)中职生创业教育是我国现行教育制度转变的需求。中职生创业教育是在普通文化教育和职业技术教育的基础上，提出新的更高的教育要求，注入新的教育内容，寻求新的结合实践活动的途径，培养一代既能动脑又能动手，既有开创精神又有一定创业能力，既能从事一般生产劳动又能从事某种开拓性创业活动的劳动者。这就把教育综合改革的目标提高到了一个新的、更高的层次，开拓了一个新的研究和实践领域。因此，中职生创业教育对深化教育改革具有重大的实践意义。

(3)中职生创业教育适应了社会主义市场经济对人才培养的需求。我国正在建立的社会主义市场经济具有开放性、自主性、竞争性、创新性、法治性。为适应这些特点，就要求教育培养的人才就应具有宽广的视野，善于捕捉信息；有果断的决策能力，敢想敢干，勇于创新；有经济头脑，注重经济效益，讲究工作效率；同时还要有较强的法治观念，善于社会交往，能正确处理人际关系。这些素质的培养，正是中职生创业教育的着力点。

(4)中职生创业教育是解决当前中职生就业问题的有效途径。与传统的就业教育相比，中职生创业教育不是直接帮助中职生去寻找工作岗位，而是重在教给中职生寻找或创造工作岗位的方法。许多西方国家以及一些发展中国家已对中职生创业教育进行研究和开发，并得到政府的大力鼓励与支持，以及企业的参与和重视。

三、推行有实效的中职生创业教育的策略

鉴于创业教育的必要性与重要性，针对当前我国中等职业学校创业教育存在的问题，中等职业学校亟须变革现有教育方式，积极推行有实效的中职生创业教育。具体策略如下。

(1)大力宣传创业光荣的价值理念，发挥榜样带动作用，营造鼓励和支持中职生创业的良好氛围。

学校要将创业光荣的理念在中职生刚进校门时就通过创业课程(重要的公共选修课)、讲座等途径传授给他们，改变他们上学只为谋求高薪舒适工作的传统认识，培养创业意识。与此同时，学校应宣讲中职生创业成功的案例，通过典型事例带动、激发在校中职生独立自强、创业进取的精神。要通过举办课外学术科技作品竞赛、创业计划大赛、网站设计、广告创意设计等各类创新创业竞赛，以及开辟中职生创业园等举措，营造浓厚的鼓励和支持创业的校园文化氛围，提升中职生的创业意识和实践能力。

(2)建立和完善创业教育课程体系，选聘富有实际创业经验的创业导师，构建完整的创业教育师资队伍。

创业教育不能离开课堂这一传授知识的有效途径和基础环节。创业教育的课程不仅要传授创业专业知识，而且要传授经营管理相关综合知识；不仅要传授知识，而且要能够激发创业意识、培养创业品质、增强创业能力。课程体系应包括涵盖创业理论、创业风险、创业能力、创业心理、创业技巧、创业规范等内容的“创业学”“中小企业创建”“创业政策与法律法规”等课程，还应包括市场经营和企业管理课程。此外，完整的创业教育，除专门开设创业教育课外，还应发挥学校学科门类齐全的优势，采取“文理工互补”多科融合方式，为学生提供大量跨专业、选修和辅修课程的机会，加强“通才”培养，为创业打下深厚的知识基础。

完整的创业教育师资队伍主要由三类人员组成：第一类是教授创业教育理论课的本校教师，主要由工商管理、企业管理、法学专业的教师担任。第二类是从事创业沙龙讲座的工商、税务部门、企业、投融资机构的专业

人士，以传授企业登记注册、缴纳税费、企业管理、融资贷款方面的知识与技巧。第三类是富有实际创业经历并取得成效的创业导师，此类人员丰富的创业经历、现身说法对于中职生尤具说服力。中职生最为关键的创业实践环节，最需要这些导师点拨迷津、传授宝贵经验。当前，中职学校创业教育师资队伍中，富有实战经验的创业导师尤为匮乏，亟须加强这一类师资的选聘，以解决创业教育“纸上谈兵”的问题。

四、中职生创业的意义

江泽民同志曾经说：“创新是一个民族的灵魂，是一个国家兴旺发达的不竭动力。”所以创新精神、科学精神、人文精神是当代中职生成为创业者必须具备的三种精神。创新精神在就业和求职中的表现之一，就是走自主创业之路，通过自己的艰苦努力，开创就业的新天地。对中职毕业生来说，自主创业具有重要意义。

习近平总书记指出，创新是引领发展的第一动力。科技是第一生产力、人才是第一资源、创新是第一动力，主导国家发展命运的决定性因素是社会生产力发展和劳动生产率提高，只有不断推进科技创新，不断解放和发展社会生产力，不断提高劳动生产率，才能实现经济社会持续健康发展。

第一，创业可以促进国家经济的增长。

美国学生的创业活动促成了很多新企业的诞生，拉动了美国经济持续增长，在经济发展中，资源的优化利用成为其中一个主要内容，而现代化经济体系运行效率提高的余地逐渐缩小，因而创新成为经济发展的关键因素，它不仅通过新的产品和服务来满足社会需求，而且刺激新的投资，从需求和供给两方面促进经济增长。

第二，中职生创业可以增加就业机会。

创业不仅可以解决中职生个人的就业困难问题，中职生创业后还可以吸纳社会成员进入企业，为他们提供就业岗位，缓解我国目前由于经济结构调整所造成的全国范围内的就业问题。

第三，中职生创业可以推动社会的发展。

创业不仅提高了中职生个体的产出和收入水平，而且可以促进新的社会结构和经济结构的形成。目前我国正处在发展市场经济的阶段，创业可以为完善我国经济结构做出贡献。中职生的知识储备比较丰富，对于提高我国的知识转化率也有着非常特殊的意义。同时，不论是否成功，中职生创业都将为社会培养和储备一批文化层次高、实践经验丰富的人才，这一点对于社会发展的战略意义，远远超过了单纯的经济意义。

第四，中职生创业有助于学校创业教育的改革和发展。

中职生创业有效实现了课堂教学与社会实践的有机结合，可以把书本知识运用到实践中，反过来又可以促进课堂教学的发展，进而引导和推动中等职业教育的发展。

第五，中职生创业有利于促进中职生的个体成长。

中职生创业对创新精神和创新能力都有很高的要求，这使得想投身于此的中职生必须注意这两方面素质的提高。中职生创业不仅会对参加创业的学生产生深远影响，而且也会带动其他同学对自己的专业素质、个人能力等进行思考。在这种创业氛围中成长，对这些学生的创业精神、创业觉悟、创业能力的提高都大有裨益，这一点与素质教育的本质是相一致的，同时它也冲击了传统的中职教育，引导人们去反思我国中职教育的发展方向。

小贴士

凡事都有两面性，应该理性对待中职生创业。中职生社会经验不足，他们常常盲目乐观，对很多事情都没有充分的心理准备。对于创业中的失败和挫折，很多中职生创业者感到十分茫然和痛苦，甚至消沉绝望。在创业教育的教学中以及中职生创业的宣传中，我们看到的几乎都是成功的案例，大家的心态自然都是理想化的。其实，很多成功的背后都有更多的失败。我们在看到成功的同时，也应看到失败，也只有这样，才能使得这些心智并不很成熟，社会经验也很不足的中职生创业者变得更加理智。

五、中职生创业的基本条件

中职生有创业热情，但由于经验欠缺、能力不足、意识偏差等原因，导致创业成功率明显偏低。中职生创业必须具备以下条件：

1. 创业知识的储备。

眼高手低、纸上谈兵是中职生很容易陷入的误区。因为他们长期待在校园里，对社会缺乏了解，特别是在市场开拓、企业运营方面经验相当匮乏。因此，中职生创业前要有充分的准备，一方面，靠在企业打工或者实习，来积累相关的管理和营销经验；另一方面，靠参加创业培训，积累创业知识，接受专业指导，为自己充电，以提高创业成功率。

2. 资金的准备。

巧妇难为无米之炊。有不少中职生认为“资金是创业的拦路虎”。没有资金，再好的创意也难以转化为现实的生产力。在获取资金前，首先得明白自己需要多少资金，如何获得资金，资金的来源和渠道有哪些。创业者必须具备一定的商业概念，是选择债权作为资金来源还是选择股权作为资金来源，你选择什么给你的投资人作保障，这些基本问题将决定创业的初期是否成功。中职生要开拓思路，多渠道融资，除了银行贷款、自筹资金、民间借贷等传统途径外，还可充分利用风险投资、创业基金等融资渠道。

3. 技术和兴趣。

用智力换资本，这是中职生创业的特色之路。一些风险投资家往往就因为看重中职生所掌握的先进技术而愿意对其创业计划进行资助。因此，打算在高科技领域创业的中职生，一定要注意技术创新，开发具有自主知识产权的产品，吸引投资商的资金。

4. 个人能力。

创业是一个由简入繁的过程，比如你刚开始缺乏对市场的判断力，那么就应该从简单的市场做起，从而积累经验。中职生在技术上出类拔萃，理财、营销、沟通、管理等方面的能力却普遍不足，不熟悉经营的“游戏规则”。要想创业获得成功，创业者除具备很强的执行力(有毅力，能坚持)，还要具备基本的商业能力。

第三节 做好创业准备，拓展美好人生

生活是公平的，哪怕吃了很多苦，只要你坚持下去，一定会有收获。即使最后失败了，你也获得了别人没有的经历。

——马云

故事分享

小旗中职毕业以后来到广州。经过一段时间的求职，小旗发现自己的专业知识和企业的实际应用需求之间还存在一定差距。没有技术和能力的他经过认真思考和多方考察，小旗到培训中心参加网络工程师培训，强化自己的专业技能。在那里，让他通过培训为以后创业打下了坚实的技术和后援基础。

学成之后，在家人和亲戚的资助下，小旗创办了一家互联网公司，经过他的努力，如今公司日渐走上正轨，客户越来越多，口碑很好，技术也越来越强。

小旗的故事告诉我们应该做好创业准备，以便一步一步走向成功。

在寻求创业的过程中，创业者要做的事情特别多，比如市场调查、识别和评价创业机会、拟订创业计划、确定创业方向、点子、资金、技术等都很重要，但创业首要的事情是培养创业精神。

一、创业精神

1. 什么是创业精神

创业精神是指在创业者的主观世界中那些具有开创性的思想、观念、个性、意志、作风和品质等。

创业精神有三个层面的内涵：哲学层次的创业思想和创业观念，是人们对创业的理性认识；心理学层次的创业个性和创业意志，是人们创业的心理基础；行为学层次的创业作风和创业品质，是人们创业的行为模式。

2. 创业精神的特征

创业精神具有以下几方面特征：

(1)高度的综合性。创业精神是由多种精神特质综合作用而成的。诸如创新精神、拼搏精神、进取精神、合作精神等都是创业精神的精神特质。

(2)整体性。无论是创业精神的产生、形成和内化，还是创业精神的外显、展现和外化，都是由哲学层次的创业思想和创业观念、心理学层次的创业个性和创业意志、行为学层次的创业作风和创业品质三个层面所构成的整体，缺少其中任何一个层面，都无法构成创业精神。

(3)超越历史的先进性。创业精神的最终体现就是开创前无古人的事业，真正具有创新性的创业精神往往能够超越历史阶段的先进性，想前人之不敢想、做前人之不敢做。

(4)鲜明的时代特征。不同时代的人们面对不同的物质生活和精神生活条件，创业精神的物质基础和精神营养也就各不相同，创业精神的具体内涵也就不同。创业精神对创业实践有重要意义，它是创业理想的原动力，是创业成功的重要保证。

二、中职生创业精神培养途径

培养中职生自主创业精神，就是要培养中职生的创新素质、创新能力，就是要让他们拥有创业的基础知识、基本技能和创业意识。因此必须吸收和借鉴各国丰富的创业教育经验，丰富中职生创业教育的途径和方法，为更多的中职生成为优秀的创业者打下坚实的基础。

1. 改革课程体系，开展创业思想教育课程

中职生创业教育的实施载体是课程，首先必须发挥课堂教学的作用，把创业教育融入学校的教育教学体系，对原有的教学计划进行适当调整，增设一些创业教育课程，并在原有的相关课程中增加创业教育内容。通过课堂开展创业教育，提高中职生的创业能力。其次，结合专业课教学，通过渗透、结合、强化的方式，加强学生创业意识的培养。

2. 在实践活动中加强创业教育

良好创业心理品质的形成重在实践训练，积极的实践既能带来及时的反馈和成就感，也能带来节节成功的喜悦。切切实实地投入到创业实践中去，定能磨炼出坚强的创业心理品质。一是学校要构建创业实践基地为学生提供创业实践的便利，如创业见习基地、创业实习基地和创业园等，实现产、学、研一体化；二是社会要为中职生提供更多的创业岗位供学生选择，如勤工俭学岗位、社区服务岗位等，使其经受创业实践的考验；三是中职生利用课余时间主动参与创业实践，从小商品推销到饭店洗盘子，从为人打工到自己开店，熟悉各种职业特点和自己的能力特点，积累创业经验，增长创业才干，减少将来创业的盲目性。只有经受创业实践的锻炼，创业目标才会更加明晰，创业信念才会更加强烈，才会形成良好的创业习惯和人格。

3. 培育创业人格，增强自主创业精神。

人格教育对创业精神与创业能力的培养是相辅相成的。可以采取创业案例剖析、创业者的人格特征分析、心理学专题讲解和心理训练等方式，让学生掌握形成心理素质与优良人格特征的途径。创业精神是一种实事求是的精神。创业不是纸上谈兵，需要根据实际情况提出新的思路，需要扎扎实实地付出艰苦的努力，引导学生以实事求是的态度面对学习、工作和生活。

三、中职生创业面临的主要问题

在当前严峻的就业形势下，中职生自主创业是缓解就业压力的有效途径之一。然而，由于受到自身条件与外界环境的双重制约，中职生在创业过程可谓困难重重。中职生由于受年龄、阅历与知识积累等方面因素的影响，在创业过程中面临较多的知识、经验、心态、创新能力、资金等方面的问题。

1. 知识限制。在创业计划大赛中评委发现许多创业者无法把自己的创意准确而清晰地表达出来，缺少个性化的信息传递。对目标市场和竞争对手情况缺乏了解，分析时采用的数据经不起推敲，没有说服力等，这些无一不反映出中职生创业知识的缺乏；

2. 缺乏经验。中职生虽有理想与抱负，但“眼高手低”，在创业过程中除了能“纸上谈兵”之外，对具体的市场开拓缺乏经验与相关知识；

3. 心态问题。学生创业首先要有“风险意识”，要能承受风险和失败。其次，还要有责任感，要对公司、员工、投资者负责。务实精神也必不可少，必须踏实做事；

4. 创新能力薄弱。中职生创业失败的多，一个重要原因就是忽视技术创新；

5. 资金问题。表现在急于得到资金，给小钱出让大股份，贱卖技术或创意。另外对风险投资不负责任地使用，烧别人的钱圆自己的梦。每一轮融资中的投资者都将影响后续融资的可行性和价值评估。因此，对于尚处于早期的创业公司来说，应引入一些真正有实力、能提供增值服务、与创业者理念统一的投资者，哪怕要暂时放弃一些眼前的利益。

四、中职生如何克服自主创业中的问题

1. 有效筹措资金

学生刚刚踏上社会，很少有足够的资金积累，学生创业者应更多地具有“多大实力做多大事”的观念。资金来源既可以向亲朋好友借，也可以向银行借贷，如果企业拥有具有市场前景的产品或成果，还可以寻求风险投资商的资金支持。中职生自主创业的首期资金，如果没有企业的信任和投入，一般由团队成员共同出资。

2. 组建优势互补的团队

自主创业要处理的事情面广、量重，靠一个人的力量很难有效地应对各类情况。组建创业团队则能有效实现创新与经济管理的互补。如果实施有效的管理，还能保证创业团队形成最大的合力，在市场竞争中取胜。

在组建创业团队时，应注意创业团队成员的性格搭配、角色分工，以及对公司远近期目标、策略制定、股权分配的认同等，因为这些都是与企业成长相关的创业团队建设问题。

3. 建立广泛有效的社会关系

一个初创的公司往往需要得到各方面的帮助才能得到发展，创业者需

要在社会环境中调动一切有利的因素。对于学生创业者来说，建立广泛有效的社会关系，是摆脱在与社会上的创业者竞争中的不利地位的重要因素。

4. 要有长期规划

创业者要选择自己熟悉又专精的事业，初期可以小本经营或找股东合作，按照创业计划逐步拓展。企业应先求生存再求发展，扎好根基。对于中职生自主创业的企业尤其要注意勿好高骛远，必须重视经营体制，步步为营以求创造利润。

人们说，没有学生创业就没有硅谷。毕业生创业不仅应当作为一种能力来培养，更应作为一种文化来塑造。支持中职生创业，祝福中职生创业，让中职生创业不再是个问题！

五、学会创业

故事分享

成都“第一研究生面馆”开张

2004 年的圣诞节，成都市一所高校食品科学系 6 名研究生声称自筹资金 20 万元，在成都著名景观——“琴台故径”边上开起了“六味面馆”。

就在大才子司马相如和美女实业家卓文君当垆沽酒的琴台故径旁，6 个研究生的面馆横空出世，这个开头够石破天惊。放眼成都，一时之间恐怕找不出第二家比这更牛的面馆了，人家连跑腿的小二都是清一色硕士呢。

自称秘诀：南北结合，天下无敌。店长说道：“北方的面讲究筋道、有嚼头；南方的面在汤底上追求独特口味。我们要是把这些特点结合起来，就是天下无敌了。”看来，这“六味面馆”的秘诀就是“南北结合”！

壮志雄心：5 年后开 20 家连锁店。第一家店还未开张，六位股东已经把目光放到了 5 年之后，一说到今后的打算，他们六位异口同声地说：当然是开分店啦！今年先把第一家店搞好，积累经验，再谈发展。我们准备两年内在成都开 20 家连锁店，到时候跟肯德基、麦当劳较量较量。

情伤钱损：无人管理，草草收场。不久后，由于面馆长时间处于无人管理和经营欠佳的状况，投资人已准备公开转让。这家当初在成都号称“第一研究生面馆”的餐馆仅仅经营了4个多月，就不得不草草收场。

内中滋味：研究生面馆关门有内幕？原本想以“研究生”之名来制造广告轰动效应，但事情的发展却出人意料。“研究生面馆”开业不久，6名研究生就一个个被学校领导找去谈话，要他们在学业和面馆之间做出选择：要么退出，要么退学。

试分析这一“研究生面馆”创业失败的原因，并运用自己所学的知识谈谈你的创业思路。

创业，是提高社会发展科学化水平的需要，是提高就业率的需要，是适应生活的需要。创业教育包括创业意识、创业精神、创业品质、创业能力培养包括四个方面。

第一是创业意识。所谓创业意识，是指在创业实践活动中对人起动力作用的个性心理倾向，包括需要、动力、兴趣、思想、信念和世界观等心理成分。创业意识集中体现了创业素质中的社会属性，支配着创业者对创业活动的态度和行为，是创业素质的重要组成部分。

第二是创业精神。创业精神是：“解放思想，实事求是；积极探索，勇于创新，艰苦奋斗，知难而进；学习外国，自强不息；谦虚谨慎，不骄不躁；同心同德，顾全大局；勤俭节约，清正廉洁；励精图治，无私奉献。”

第三是创业能力。创业能力是指除工资形式就业以外的“自我谋职”能力，这种能力与市场行为相结合，就是小型企业的建立，或者说是指一种能够顺利实现创业目标的特殊能力。创业能力的形成与发展始终与创业实践和社会实践紧密相连。创业能力是一种以智力为核心的具有较高综合性的能力，是一种具有突出创造特性的能力。创业能力包括专业技术能力、经营管理和社交沟通能力、分析和解决实际问题的能力、信息接收和处理能力、把握机会和创造机会的能力等。

第四是创业品质。创业品质即创业心理品质，它是对创业者的创业实践过程中的心理和行为起调节作用的个性心理特征，它与人固有的气质、性格有密切关系，主要体现在人的独立性、敢为性、坚韧性、克制性、适应性、合作性等方面，它反映了创业者的意志和情感。

创业学习的落脚点是社会实践性，除了要使创业者形成良好的心理素质和个性特征以外，还要使之具有较强的实际工作能力和动手操作能力，使之成为未来社会的强者和创造者。从这个意义上说，创业学习就是培养人的终身发展能力，使其学会学习、学会做事、学会合作、学会生存，这些功能与创新学习所突出的创新精神和实践能力的培养，起到了异曲同工的作用。

小贴士

创业是一条没有终点的路，是一条极具风险的路，甚至比尔·盖茨都说过，没有人能保证我们能永远活下去。马云也经常对自己的团队说，我们要做好下一个季度倒闭的准备。而对于我们中职生创业者来说，如果不提前做好准备，时刻保持警惕，那么创业失败可能成为中职生创业者较常遇到的情况。

六、促进中职生自主创业的对策

通过社会、政府、学校与中职生自身等各方的共同努力，找到适合中职生创业的对策。

1. 解放思想，倡导创业精神

在挑战与机遇并存的时代，要大力加强对创业人物及其创业事迹的宣传，发挥媒体的作用，在全社会进一步更新思想观念，营造创业氛围，倡导创业精神。激励中职生在创业中就业，在就业中创业。一个人要想有创新的灵感和效果，必须有创新的勇气和智慧；要想有创新的勇气和智慧，必须有崇高的目标和强烈的使命感。我们当代中职生必须要解决一个应该为谁读书、为谁创业的问题，才能找到奋斗的目标。

2. 提高中职生的自身素质

创业是一个复杂而又艰巨的过程，它对创业者的综合素质要求很高，尤其是要求创业者具有合理的知识结构。首先，具备一定的管理知识、商务知识、税务知识、投资知识、法律知识、创业知识和专业知识等。另外，还必须培养一些独特的创业素质，包括自立、自强、进取、意志力、创新等。其次，还需有合理的能力结构，包括实践能力、开拓创新能力、组织领导能力、协调协作和沟通能力、创业能力、创造能力和社会交往等能力。

3. 加强自主创业教育

中职学校有必要在创业课程设置与创业指导等方面做出进一步的努力，以提升中职生的创业能力与创业水平。中职生创业本身就是素质教育的一个方面的体现，不仅突出了素质教育的内涵，而且体现了创新教育模式对中职生实际能力的培养和提升。因而学校在传授基础知识的同时，还要注重对学生创新意识和技能的培养。开设与创业相关的讲座或课程。比如如何把握商机、如何融资、如何写创业计划、如何承受压力等。学校通过过程辅导和政府、社会扶持等一条龙服务，解决创业过程中的相关难题，提高自主创业的成功率。

4. 构建创业平台，改善创业环境

引导中职生参与创业实践，既需要有活动载体，也要构建中职生创业的服务体系。此外，还要构建创业服务体系，一是提供政策支持。要配合有关部门做好国家扶持中职生创业的系列配套政策措施的落实工作，并紧密结合实际，联合有关部门研究出台和落实新的促进中职生创业的政策法规。二是提供项目支持。要为中职生创业实践推荐可供选择的项目，尊重学生的选择，以学生自主选择的项目为主，加强创业指导，组织力量为中职生创业实践提供必要的智力支持。三是争取资金支持。要广泛动员社会力量，引入风险投资，同时要募集社会资本，本着双赢的方针，探索建立中职生创业基金，为中职生创业提供支持。

5. 选择正确的创业方向

目前中职生的创业方向，有人提出如下四个方面可供选择。

第一，高科技领域。身处高新科技前沿阵地的中职生，在这一领域创业有着近水楼台先得月的优势，但并非所有的中职生都适合在高科技领域创业，一般来说，技术功底深厚、专业成绩优秀的中职生才有成功的把握。推荐商机：软件开发、网页制作、网络服务、手机游戏开发等。

第二，智力服务领域。智力是中职生创业的资本，在智力服务领域创业，中职生能游刃有余。例如，家教领域就非常适合中职生创业。一方面，这是中职生勤工俭学的传统渠道，积累了丰富的经验；另一方面，中职生能够充分利用学校教育资源，更容易赚到“第一桶金”。推荐商机：家教、家教中介、设计工作室、翻译公司等。

第三，连锁加盟领域。统计数据显示，在相同的经营领域，个人创业的成功率低于20%，而加盟创业的成功率则高达80%。对创业资源十分有限的中职生来说，最好选择运营时间在5年以上、拥有10家以上加盟店的成熟品牌。推荐商机：快餐业、家政服务、校园小型超市、数码速印站等。

第四，开店。中职生开店，一方面，可充分利用学校的学生顾客资源；另一方面，由于熟悉同龄人的消费习惯，因此入门较为容易。

小贴士

创业前要认真思考、反复评估、考虑成熟再行动。除了要足够的资源准备外，心理准备也很最重要。以下几个方面的问题，值得好好思考。

第一，我为什么要创业？是否有足够的决心，愿意承担风险吗？过去的利益是否舍得放弃？

第二，我是否具备创业者应有的能力与素质，是否能承受挫折，是否具有综合全面的素质，还是具有专项技术特长？

第三，我创业成功的核心资源优势是什么？我具备的条件是：足够的资本？行业经验？客户资源？技术创新？商业运作能力？与即将面对的竞争对手相比是否有明显的优势？

第四，是否有足够的耐心与耐力度过创业期的消耗，估计通过多长时间走过创业瓶颈阶段，自己有多长时间的准备。

第五，创业最大的风险是什么？最坏的结果是什么？我是否能承受？不要只想到乐观的一方面，对风险一定要有充分的心理准备，否则，一碰到现实状况与想象不一样，信心一定会动摇。

第四节　弘扬创业精神　加强中职生创业教育

比尔·盖茨先生是一位成功的创业者，是自主创新的典型代表。这位昔日的“顽童”，大学未毕业就闯入社会，从开始创业到成为世界首富，只用了短短20年的时间，被美国人誉为“坐在世界巅峰的人”。

中国将用15年时间建设创新型国家，培养创新型人才是历史赋予学校的光荣使命。大中专学生是未来祖国发展的中流砥柱，学校应提早对其进行创业教育，这具有积极的现实意义，为中职生能够成长为创业的一代打好基础。

一、中职生培养创业精神的内涵

“创业”的本义是“创立基业”、“创建功业”。从广义上讲，这里的“业”是指对社会有所贡献的一切事业；从狭义上讲，这里的“业”是指“实业”。针对中职学生的年龄特征，这里所讲的创业精神的培养，主要是指更新教育观念，解放教育思想，改变“千军万马过独木桥”的教育现状，让中职生意识到，无论以后的人生路是高等教育深造，还是其他成人教育培训，只要具备创新思维和创业精神，只要勤奋刻苦，都一样可以成为对社会有用的人，从而实现个人价值和社会价值的完美统一。

要成为一个创业者需要培养以下三个方面的意识。

1. 改革创新意识。

是指人们在认识和改造世界的过程中所表现出的积极、主动、自觉的进取意识，富有不满现有成果、冲破旧的框框、追求新的思维和新的事物的思想倾向，这是创业精神的核心内容。

2. 艰苦意识。

它是指在创业的过程中，勇于迎接各种挑战，奋力克服各种困难，这是创业精神的必要条件。艰苦奋斗是中华民族的传统美德，在新的历史条件下，把艰苦奋斗的优良传统和奋发向上的创业精神结合起来，发扬光大，也是“与时俱进”的必然要求。

3. 价值意识。

它是指一种满足人类需求、促进社会进步的价值追求，这是创新精神的根本宗旨。创业精神所关注的是“是否创造新的价值”，因此，创业的关键在于创业过程能否“将新事物带入现存的市场活动中”，包括新产品或服务、新的管理制度、新的流程等。创业精神指的是一种追求机会的行为，这些机会虽不存在于目前资源应用范围，但未来有可能创造资源应用的新价值。简言之，就是要“发掘机会，组织资源建立新公司，进而向市场提供新的价值”。

对中职生进行创业精神培养包括把握机会，运用资源创造性地实施企业设想，有计划地进行创业冒险等。

在模拟或真实的情境中创造、设计、规划和实施创业计划，进而形成交流、决策的社会技能。冒险的形式包括采用制订社区服务计划；开办商业企业；设计、创造、生产、销售产品，做广告或提供服务。创业精神的实质是采取行动，提出开办企业的想法，探索成为企业家的过程，首创、发展和拥有企业。拥有企业对于培养创业精神、获得企业家经验是非常重要的。因此，创业教育要通过行动来进行，强调运用体验性的方法，让中职生拥有开办企业的愿望，进行企业冒险和企业扩张，并允许其开办企业时根据新形势不断进行调整，在掌握大量信息的基础上做出决策，以培养他们开办成功企业所需的个人品质和态度。

二、借鉴别国经验，形成有中国特色的中职生创业教育

在创新、创造的研究文献中，曾经有过一种观点，认为创新、创造是天生的禀性，是不可教的。这种观点夸大了遗传因素的作用，忽视了创业精神的发展性。发达国家，尤其是美国，在创业教育的实践中已积累了丰富的经验，源源不断地培养出大批具备创新和创业能力的人才。

1. 美国创业教育的特色

美国教育部自20世纪80年代初发起创业教育以来，立刻被职教界所

接受。在创业教育实践过程中，形成了自己的特色，一是注重学生就业观念的转变；二是注重创业教育有关内容的体验。

创业教育有关内容的体验十分重要。通过这种体验能够获得对创业的感性认识，是创业教育成功开展的前提条件。美国国家独立企业联盟研究表明，美国2/5的企业家来自拥有企业的家庭。因此，他们能够形成有关企业的感性认识和创办企业的意识。因而创业教育十分重视学生对企业的感性认识，要有意识地指导学生有效地进行创业教育有关内容的体验。

美国创业教育协会提出，创业是一个终身学习过程。应从小开始，全面普及创业教育，贯穿教育全过程。美国从小学、初中、中职、大学乃至研究生，都普遍开设就业和创业教育课程。他们在基础教育中进行的创业教育是与职业教育紧密结合的，除了开设创业课程外，还按个人兴趣自行学习某些职业技术技能。到了中职阶段，每人必修10个学分的职业教育课程。1998年开始实施的《金融扫盲2001年计划》，向中学生普及金融、投资、理财、营销、商务等方面的“超前教育”，积极培养未来的经理人。

2. 我国中职生创业教育的构想

第一，树立“以人为本”的教育观，注重素质教育

这些年，我国基础教育的应试模式有所改变，但是离培养全面发展的学生的目标还有相当的距离。在我国中职教育中，继续大力提倡素质教育，树立以人为本的教育理念尤为重要。必须把充分激发学生的积极性、创造性，挖掘学生的各项潜能放在首要位置。一是要在注重知识、勤奋踏实的基础上，要注重智力开发、培养综合能力，让同学们兴趣广、视野宽、敢冒险；二是在强调基础知识扎实的基础上，要培养独立与开拓的精神；三是要变“学多悟少”为“学少悟多”，鼓励同学们善于思考、活学活用。

第二，形成多元化的就业观念

长期以来，我国传统的教育观念认为中职生毕业后面临的选择是就业、考大学、出国继续教育深造，这些方向并非不正确，但选择面过于单一，致使很多中职生在无继续教育之路可走的时候，滋生很多心理问题，甚至导致一些人生悲剧。联合国教科文组织指出：“创业教育，从广义上来说是指培养具有开创性的个人，它对于拿薪水的人同样重要，因为用人机构或

个人除了要求受雇者在事业上有所成就外，正在越来越重视受雇者的首创、冒险精神，创业和独立工作能力，以及技术、社交、管理技能。”

通过创业意识教育，应该让中职生清楚地认识到，自主创业同样可以塑造辉煌的人生，实现自我价值，自主创业是生存的需要、发展的需要和社会进步的需要。

三、在中等职业学校加强创业教育

在中职阶段进行创业教育，要围绕以下几个方面来开展：

1. 创业品质的熏陶和培养。

主要包括：对同学们进行自强自立精神的教育，加强积极参与的意识，培养与人合作的能力，培养敬业爱岗的精神，培养强烈的使命感和事业心，培养中职生勇于创新、敢冒风险、大胆进取、不怕艰险，既有坚定的必胜信念，又有锲而不舍的韧劲。这是创业最不可缺少的精神状态，也是许许多多创业者成功的经验所在。最早提出创业教育的柯林博尔曾这样描述具有创业素质的人，他们对于变化持积极的、灵活的和适应的态度，具有事业心和开拓能力的人，具有一种来自自信的安全感，处理冒险、危险、难题和未知等事情从容自如。这样的人具有提出新的创造性思想、发展这些思想，并坚定不移地付诸实施的能力；这样的人有能力并勇于负责，善于交流、谈判、施加影响、规划和组织。笔者认为，凡是称得上伟大、壮丽的事业，都是在经过一番艰苦卓绝的拼搏之后才得以成功的。安逸、慵懒和舒适，造就不出令人敬佩的成功者。

2. 重视基础知识的学习，培养善于“学习”的能力。

目前的创业教育往往局限于操作层面和技能层面，从而导致创业教育与专业教育和基础知识学习脱节，这是一个误区，因为人的创造性不能像具体技能和技巧那样可以教授，它必须通过现代科学知识和人文知识所包含的文化精神的熏陶和教化才能潜移默化地生成。这是创业教育的重要内容。应使中职生具备不断接受新知识、处理和更新信息的能力，改变以前那种只满足于学会老师教的更新信息的能力，改变以前那种只满足于学会老师教的知识和技能的状况。当已经掌握的知识不够用的时候，最终决定能否获得成功的因素是善于学习、敢于创造、自强不息的自身素质。

3. 开展创业实践活动，加强创业能力训练和创业方法的指导。

开展创业实践，如社团或沙龙的组织与管理、公共活动的设计与组织、刊物或报纸的策划与创意、解决问题的方法或路径的构想、科研或学术研究的立项起草与申请、法律实践或金融实践的模拟等。

通过创业实践活动的开展，创业能力的训练和创业方法的指导，主要有四个关键要素：主动体验学习，同学们积极参与学习过程；协作，大家共享观念，进行合作，完成协作活动；自主意识，学生对自己的学习负有更多的责任；在教师指导下进行回顾和反思。同学们回顾自己对创业教育活动所做的贡献，确定所取得的成就，了解自己在活动中学到的内容。

4. 进行遵纪守法教育。

教育同学们创业必须在法律许可的范围内，要遵守法律、合法经营，懂得自律的重要性。让学生懂得，不了解法律，创业要走弯路，并指导学生学习有关法律法规。

正如联合国教科文组织在《教育——财富蕴藏其中》的报告中指出的那样，基础教育是必不可少的走向生活的通行证，它应提供一种适合于所有人的教育，既能使人们为今后的学习打下坚实的基础，也能使人们获得积极参加社会生活的基本能力。所以，在中职阶段推行创业教育将为中职生今后进行创业实践打下坚实的基础并提供宝贵的创业经验，帮助他们成功创业。

应知应会

一、填空题

1. 创业是一种创新性活动，它的本质是________开创并经营一种事业，使该事业得以稳健发展、快速成长的________和________的活动。

2. 创业的要素包括________、________、________、________。

3. ________是协调创业活动的系统，是创业的________，创业活动是在组织之中进行的，离开了组织也就无从谈起组织的问题，创业活动就无法协调，创业的资源就无法整合，创业者的领导作用就无从谈起。

4. 创新精神包括________、________、________、________。

5. 创业者的素质包括________、________、________、________。

6. ________是指在创业者的主观世界中，那些具有开创性的思想、观念、个性、意志、作风和品质等。

7. 创业精神的特征包括________、________、________、________。

8. 中职生创业面临的问题包括________、________、________、________、________。

9. 创业教育包括________、________、________、________。

10. 成功创业者的意识主要包括________、________、________。

二、简答题

1. 创业与创新两者的关系是怎样的？

2. 创业者的素质有哪些方面？你认为我们在创业时应该具备哪些创业素质？

3. 中职生创业教育发展的必要性。

4. 中职生如何克服自主创业中的问题？结合自身实际加以说明。

三、论述题

1. 积极推行有实效的中职生创业教育的策略有哪些？

2. 中职生创业的基本条件有哪些？你认为在当今社会发展趋势中中职生创业还需要具备哪些条件？

后　记

为适应中等职业学校毕业生就业指导课程改革发展需要，本书以职业生涯设计理论为指导，广泛吸收国内外职业生涯研究的最新成果。本书汲取了古今中外的职业选择、设计管理的思想，阐明了职业生涯设计的基本知识，论述了职业设计的理论，结合实际探讨了中等职业学校对职业生涯设计的最新尝试，在一定程度上反映了职业生涯设计的最新成果。

职业生涯规划，对中职生而言，就是在自我认知的基础上，根据自己的专业特长和知识结构，结合社会环境与市场环境，对将来要从事的职业以及要达到的职业目标所做的方向性的方案。

根据舒伯的职业生涯发展理论，中职生处于职业生涯的探索阶段。在这一时期，中职生的个体能力迅速提高，职业兴趣趋于稳定，逐步形成了对未来职业生涯的预期；而完成了职业学习和职业准备后，中职生毕业后则会走上初次就业岗位，正式开始职业生涯。故此，许多中职生往往需要对自己的未来职业生涯做出关键性的决策。所以，中职生学习期间是职业生涯规划的黄金阶段，对中职生个人未来职业走向和职业发展具有十分深远的影响。

通过对自己职业生涯的规划，中职生可以解决好职业生涯中的“四定”——定向、定点、定位、定心，尽早确定自己的职业目标，选择自己职业发展的地域范围，把握自己的职业定位，保持平稳和正常的心态，按照自己的目标和理想有条不紊、循序渐进地努力。

职业生涯规划的训练有助于全面提高中职生的综合素质，避免学习的盲目性和被动性；规划个人的职业生涯，可以使职业目标和实施策略了然于心，并便于从宏观上予以调整和掌控，能让中职生在职业探索和发展中少走弯路，节省时间和精力；同时，职业生涯规划还能对中职生起到内在的激励作用，使中职生产生学习、实践的动力，激发自己不断为实现各阶段目标和终极目标而进取。中职生首先要认识到职业生涯规划的重要意义，职业生涯活动将伴随他们大半生，拥有成功的职业生涯才能实现完美人生。因此，职业生涯规划具有特别重要的意义。

未来就在自己的手中，能否把握那就看自己了，别人帮不了你。世上无难事，只怕有心人。当前就业前景不容乐观，每年的毕业生人数都呈直线上升。越来越大的就业压力压迫着我们这些青年学生，唯有不断的补充自己，为自己充电，在走进社会之前就用非常强大的知识及社会经验武装自己，才能用立于不败之地，因此我们要认清这一点，多了解社会的需求，对症下药，及时的补充自己薄弱的环节，同时也要为自己的职业生涯做出规划，按着自己的目标去努力，并最终实现目标！

本书由日照市高级技工学校王金宝、日照师范学校林令华任主编，日照师范学校徐庆联、泰山医学院王兆华任副主编，王金宝负责全书的编稿和定稿工作。本书各章编写者为，第一章、第二章由王金宝编写，第四章、第五章由林令华编写，第三章、第八章由徐庆联编写，第六章、第七章由王兆华编写。

在本书编写过程中，北京师范大学出版社对本书的编写给予了热情的支持，并为成书付出了辛勤的劳动，在此表示感谢！本书在编写过程中，为了教学的需要，参考借鉴了有关文献和教材的研究成果，引用了一些资料和图片，在此编者向原作者表示诚挚地感谢！有未能注明之处，恳请谅解并向作者表示深深的谢意。

由于编者水平和视野所限，本书一定存在不少疏漏和不妥之处，恳请使用本教材的教师和广大读者提出批评和建议，以便今后补充与修正。

编　者